AF557648

Karl-Heinz Zuber
Rhein-Sieg-Kreis
55 Highlights aus der Geschichte
Menschen, Orte und Ereignisse, die unsere Region bis heute prägen
SUTTON

Inhalt

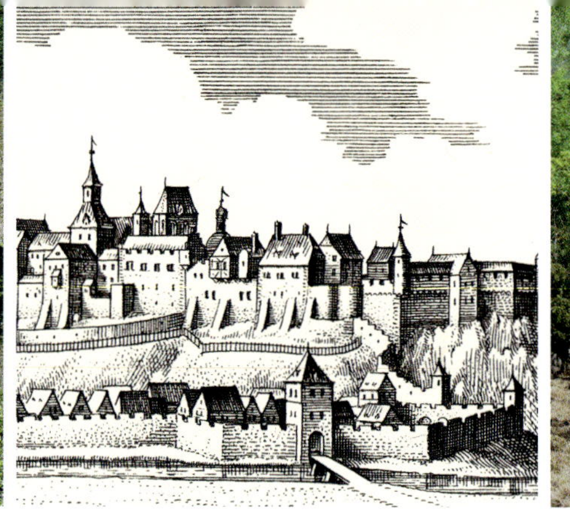

Ungleiche Geschwister
Der Rhein-Sieg-Kreis

Da gibt es einen großen Landkreis, und mittendrin, da hat er ein großes Loch: die Bundesstadt Bonn. Das Gebilde entstand im Zuge der Gemeindereform 1969; für diesen „Halskrausen-Landkreis" fehlte es nicht an Spott. Wie kam es dazu?

Bonn war 1949 überraschend zur provisorischen Hauptstadt der neuen Bundesrepublik Deutschland auserkoren worden. In den 1960er-Jahren, einer Zeit starken Wachstums, konsolidierte sich die Hauptstadtfunktion, Ministerien und Beamtenschaft wuchsen. Die kleine Stadt Bonn allein war den auf sie zukommenden Planungsaufgaben nicht mehr gewachsen.

Im Zuge der großen Gebietsreform in Nordrhein-Westfalen wurde Bonn 1969 – nicht ohne Widerstände – mit den Nachbarstädten Bad Godesberg und Beuel zur Großstadt zusammengelegt, einige Randgemeinden im Westen kamen noch hinzu. Der restliche Landkreis Bonn, durchwegs links des Rheins gelegen, wurde mit dem Siegkreis rechts des Rheins zum neuen Rhein-Sieg-Kreis verbunden.

Der Rhein dazwischen war eine uralte Handelsstraße in Nord-Süd-Richtung, aber im neuen Kreisgebiet wirkte er eher als Trennlinie. Historisch gehörten Bonn als Residenz und die Gemeinden links des Rheins seit Jahrhunderten zum Erzstift Köln, die Gebiete im Südwesten zum Herzogtum Jülich. Die rechtsrheinischen Gebiete mit Ausnahme von Vilich und Königswinter waren Teil des Herzogtums Berg. In Kurköln erhielten Protestanten kein Bürgerrecht, Berg war konfessionell gemischt.

Die Franzosen hatten 1798 alle linksrheinischen Gebiete Frankreich einverleibt. Erst als nach dem Wiener Kongress die Rheinlande 1815 an Preußen übertragen wurden, war der Rhein im Bonner Raum keine politische Grenze mehr. Preußen fasste die rechtsrheinischen Gebiete um Siegburg in einem Kreis zusammen, der 1825 den Namen Siegkreis erhielt. Daneben gab es den Kreis Bonn, der neben der Stadt die westlich benachbarten Gemeinden umfasste. Erst 1878 wurde die Stadt Bonn kreisfrei. Mit geringen Änderungen bestand diese Verwaltungseinteilung bis ans Ende der Weimarer Republik und in die Nachkriegszeit.

Nun, im Jahr 1969, war Siegburg die neue Kreishauptstadt. Für die Bürger aus Meckenheim oder Bornheim hatte Bonn immer näher gelegen als Siegburg – wann hatte es sie schon einmal dorthin verschlagen? Sicherlich, die verbesserten Verkehrsverhältnisse mit der Autobahnverbindung über die Nordbrücke und die neue Südbrücke erleichterten die Rheinquerung bedeutend – wäre da nicht der Stau in den Stoßzeiten … Bei der Verwaltungsorganisation kam man den Bewohnern links des Rheins entgegen: Rheinbach – bis 1932 selbst Kreisstadt – erhielt eine Zweigstelle der Kreisverwaltung, in Meckenheim wurde eine eigene Kfz-Zulassungsstelle eingerichtet.

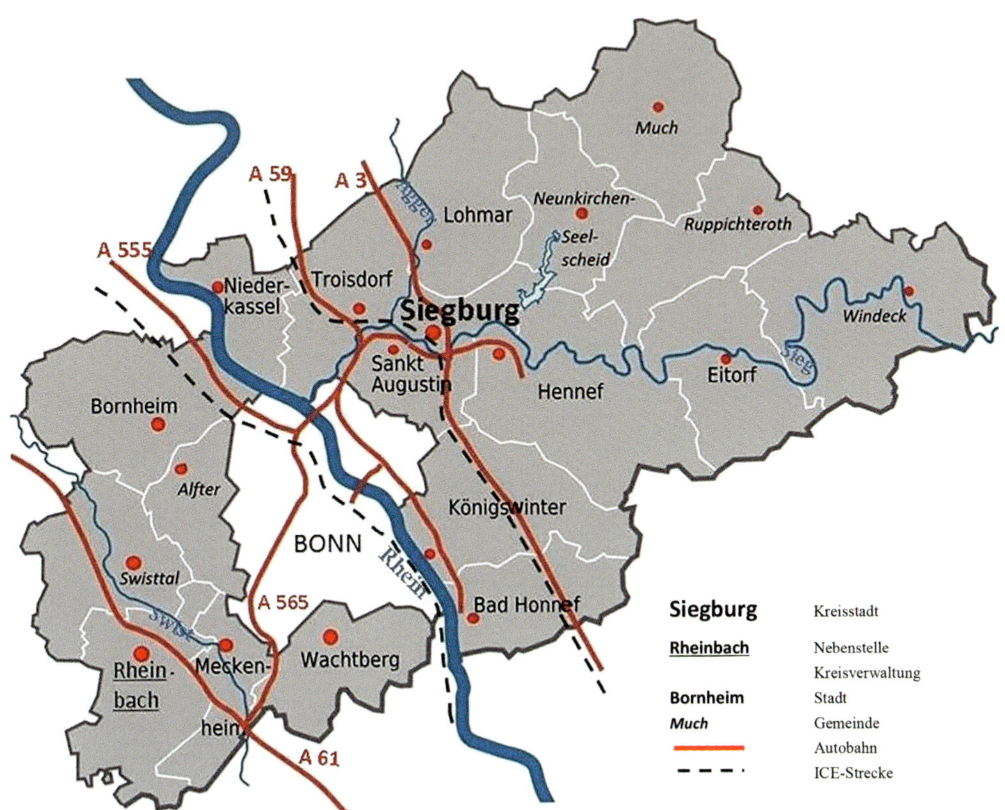

Ein Sonderplanungsausschuss, in dem Bonn und der Rhein-Sieg-Kreis zu gleichen Teilen vertreten waren, kümmerte sich um übergreifende Aufgaben wie Raumordnung und Gewerbeentwicklung. Die Zusammenarbeit im neuen Rhein-Sieg-Kreis spielte sich erstaunlich schnell und harmonisch ein: 1974 verhinderten die Kreispolitiker mit großer Übereinstimmung Pläne der Landesregierung, die linksrheinischen Gebiete den Nachbarkreisen zuzuschlagen – eine erste Bewährungsprobe der Neueinteilung.

Eine neue Bewährungsprobe brachte der Beschluss für den Umzug der Regierung nach Berlin im Jahre 1991. Im Bonn-Berlin-Gesetz wurden Ausgleichsmaßnahmen festgelegt, die der ganzen Region zugutekommen sollten. Die Verteilung der Gelder richtete sich dabei im Wesentlichen nach den Wohnorten der abziehenden Bundesbediensteten. Zu diesen Maßnahmen gehörte 1995 die Gründung der Fachhochschule Bonn-Rhein-Sieg mit einem Campus in Sankt Augustin, in Rheinbach und in Hennef sowie Forschungsinstituten in Bonn. Ein regionaler Arbeitskreis zu Fragen der Raumplanung verbindet Bonn und den Rhein-Sieg-Kreis mit dem südlichen Nachbarkreis Ahrweiler zur übergreifenden Region.

2019 konnte der Rhein-Sieg-Kreis sein 50-jähriges Bestehen feiern: eine wirtschaftskräftige Region mit gesundem Bevölkerungswachstum und kultureller Anziehungskraft in einer beneidenswerten Landschaft. Alle Verantwortlichen waren sich einig in der Bewertung der vergangenen Jahrzehnte als „Erfolgsgeschichte“.

1 Wo die schwedische Königin kurte
Bad Honnef

„Das rheinische Nizza", ein Zitat, das dem berühmten preußischen Weltreisenden Alexander von Humboldt zugeschrieben wird, darf in keinem Buch über den Rhein-Sieg-Kreis fehlen. Die klimatisch bevorzugte Lage auf der Sonnenseite des Rheintals machte Bad Honnef zu einem bevorzugten Wohnsitz betuchter Zeitgenossen. Sein Ruf wurde im 19. Jahrhundert noch erhöht durch moderne Kureinrichtungen.

In den alten Weingütern der dörflichen Ortskerne Honnefs ließen sich schon im frühen 19. Jahrhundert Adelige und Industrielle nieder und bauten sie zu repräsentativen Landsitzen aus. Einige davon sind heute noch zu sehen, so die im Tudorstil 1843/44 ausgebaute Villa Schaafhausen, das 1840 errichtete Haus des Germanisten Simrock, die 1830 umgebaute Villa Merkens in Rhöndorf, Sitz einer Kölner Bankiersfamilie, das von der Kölner Familie Farina erworbene Gut Hagerhof. Diese Landsitze zogen illustre Gäste und bekannte Künstler an. Für Kurgäste wurde 1856 an der Hauptstraße ein privates Kurheim eröffnet, auf der bewaldeten Anhöhe entstand die ausgedehnte Lungenheilstätte Hohenhonnef.

1871 hatte die rechtsrheinische Eisenbahn von Koblenz her Honnef erreicht; die Zahl der Einwohner und Erholungssuchenden stieg rapide an. Was noch fehlte, war eine richtige Heilquelle. Bad Godesberg war schon ein gefragtes Heilbad, Mitte des 19. Jahrhunderts erbohrte der Kaufmann Georg Kreutzberg im Ahrtal Mineralquellen, die er zum aufstrebenden Kurort Bad Neuenahr ausbaute. Trinkkuren gehörten damals zum Pflichtprogramm der „höheren Stände" in den Sommermonaten. Das Beispiel Neuenahrs machte schnell Schule: Überall entlang des Rheintales wurde nun nach Heilquellen gebohrt. Der Honnefer Gutsbesitzer Carl Weckbecker stieß 1897 auch mitten in Honnef auf eine Thermalquelle und errichtete in der Austraße einen Trinkpavillon.

In der „Gründerzeit" des neuen Kaiserreichs erlebte Honnef einen regelrechten Bauboom; im Zentrum des Ortes und entlang der Ausfallstraßen entstanden über 150 neue Villen, die mit ihren stuckverzierten Fassaden heute noch das Stadtbild bestimmen.

Prunkstück war der Kursaal, der 1907 von der Stadt an der Hauptstraße inmitten eines neu angelegten Kurparks errichtet wurde. Der Saal bot mit Konzerten und Ballveranstaltungen den Rahmen für das gesellschaftliche Leben. Zu den erlesenen Kurgästen zählte Königin Sophie von Schweden, die von 1892 bis 1906 regelmäßig ihre Sommerfrische in Honnef verbrachte. Sie war als nassauische Prinzessin geboren; mit ihrem Gefolge logierte sie in der Villa Schaafhausen oder war in anderen Villen zu Gast; ihre Anwesenheit zog Verwandte aus anderen regierenden Häusern an.

1936 wurde auf der Insel Grafenwerth eine neue ergiebige Mineralquelle erbohrt,

Das 1907 erbaute Kurhaus wurde in jüngster Zeit aufwendig restauriert. Mit seiner Jugendstil-Stuckdekoration ist es weiterhin Mittelpunkt des künstlerischen und gesellschaftlichen Lebens.

deren Wasser auch für ein Becken im neu angelegten Schwimmbad auf der Insel verwendet wurde. Im Kurpark entstand zur gleichen Zeit eine neue Wandelhalle mit einem Trinkbrunnen. 1961 erhielt die Stadt den offiziellen Namenszusatz „Bad"; das Kurwesen erlebte einen besonderen Aufschwung durch den Bau von zwei hochmodernen Kurkliniken.

Die Gesundheitsreformen zu Beginn der 1980er-Jahre beendeten die Blüte des Kurwesens – nicht nur in Bad Honnef – recht abrupt. Kosten für Kuren wurden von den Krankenkassen nicht mehr ohne weiteres getragen, staatliche Auflagen für den Kurbetrieb wurden erhöht. Die Kurkliniken mussten verkauft werden; sie existieren heute als erfolgreiches Tagungshotel und als exklusive Seniorenresidenz weiter.

Auch wenn die Zeit des schicken Kurbetriebes abgelaufen ist, die Quellen versiegt sind – Bad Honnef führt seinen Namen weiter, es ist Einkaufs- und Ärztezentrum, durch seine guten Verkehrsverbindungen mit Bonn und seine herausragende landschaftliche Lage ein gefragter Wohnort, und seine aktive Internationale Fachhochschule zieht junge Leute aus aller Welt an.

2 Fischfang im Rhein
Der Aalschokker „Aranka"

In Bad Honnef ist er ein Wahrzeichen und ein beliebtes Fotomotiv: der Aalschokker „Aranka". Gegenüber dem Honnefer Jachthafen dümpelt er fest verankert im alten Rheinarm. Es ist noch gar nicht so lange her, da bestritt die Fischerfamilie Jansen mit dem Schiff ihren Lebensunterhalt.

Der Rhein verschaffte früher zahlreichen Fischern ein gutes Auskommen; sie fingen in ihren Netzen und Reusen Lachs, Aal, Stör und „Maifisch". Entlang des Rheinlaufs verweisen zahlreiche Flurnamen wie „Salmenfang" oder „Salmengrund" auf den Wirtschaftszweig. Die geschlechtsreifen Lachse zogen aus dem Meer in die Quellflüsse des Rheins, in denen sie ablaichten. Die aufkommende Motorschifffahrt, die Anlage von Staustufen im Oberlauf des Rheins und die zunehmende Wasserverschmutzung ließen die Erträge immer weiter schrumpfen, die Nachtfahrten von Lastkähnen und Hotelschiffen erschwerten den Fang mit den ausgestellten Netzen, und die Chemiekatastrophe im Rhein von 1986 machte dem Gewerbe schließlich den Garaus.

Die „Aranka" wurde 1917 in Holland aus Eisen gebaut; von dort kamen der Schiffstyp „Schokker" und die Fangmethode für Aale. Die Holländer an der Rheinmündung saßen ja sozusagen an der „Quelle" des Reichtums an Wanderfischen. Das Schiff mit einer Länge von 16 Metern und einer Breite von 5,60 Metern hat keinen Motor; es wurde in die Flussmitte geschleppt und mit einem langen Stahlseil am Ufer verankert. Mit einem Steuerruder, das man schräg stellte, wurde das Schiff nachts in die Strömung gestellt. Ein kräftiger Mast in der Schiffsmitte trug das etwa 30 Meter lange trichterförmige Netz, das in einer Reuse endete. Die Öffnung war an zwei etwa 9 Meter langen Baumstämmen an der Seite des Schiffs befestigt. Der untere Balken war mit einer Kette beschwert und sank auf den Flussgrund, der obere Balken schwamm an der Wasseroberfläche und hielt das Netz somit offen. Darin verfingen sich die wandernden Fische (→ HL 37).

In den 1980er-Jahren gab der letzte Honnefer Fischer, auch letzter seines Standes am Mittelrhein, den Beruf auf; das Schiff sollte verkauft werden. Ein Unternehmer am Ort setzte sich für den Erhalt des Fahrzeugs ein und organisierte über einen Förderverein die Mittel für eine gründliche Renovierung. Es wurde 1990 sogar als bewegliches Denkmal anerkannt und unter Schutz gestellt. Heute dient es als lebendes kleines Fischereimuseum und steht am „Tag des Denkmals" auch für Besucher offen.

Ein Verein kümmert sich seitdem um die Pflege und Erhaltung des Museumsschiffes. Die Mittel dafür verschafft er sich durch die Organisation der Wahl eines „Aalkönigs", die im Honnefer Kurhaus als großes Wohltätigkeitsfest stattfindet und in der eine bekannte Persönlichkeit aus Politik oder Kultur für ein Jahr zum Regenten oder zur Regentin erhoben wird; der Überschuss wird für einen satten Scheck verwendet, mit dem soziale Einrichtungen unterstützt werden.

Die „Aranka“ auf dem alten Rheinarm zwischen Bad Honnef und der Insel Grafenwerth vor der Kulisse des Drachenfels.

3 Die Vermessung der Rheinprovinz
Topographischer Ort Löwenburg

Der Aufstieg zur Löwenburg gehört zum Lieblingsprogramm der Wanderer im Siebengebirge. Inmitten weiter Buchenwälder ragt die Bergkuppe über die Nachbarhöhen hinaus. Die Mühe wird belohnt durch einen Blick auf das Panorama der Eifel, auf das Rheintal mit dem silbern glänzenden Flusslauf, auf die Bonner Skyline und – bei klarem Wetter – bis zum Kölner Dom im Norden.

Die Höhenburg aus dem 13. Jahrhundert markierte die Grenze der Grafschaft Sayn gegen das Erzstift Köln im Norden. Von hier aus wurde die Herrschaft Löwenberg mit dem Hauptort Honnef verwaltet. Im 15. Jahrhundert fiel das Amt an die Herzöge von Berg, die in Düsseldorf residierten. Im Dreißigjährigen Krieg wurde auch die Löwenburg zerstört – militärisch nutzlos, hatte sie zuletzt nur noch als Gefängnis gedient.

Neues Interesse an der Burgruine, deren Turmstumpf auf der Bergkuppe weithin zu sehen war, fanden zu Beginn des 19. Jahrhunderts die Landvermesser. Die Franzosen hatten 1794 die Gebiete am linken Rheinufer erobert und sie 1798 Frankreich einverleibt. Für die Militärs waren gute Landkarten eine Grundlage des Erfolgs: Man musste wissen, wo Truppen durchziehen konnten, wo man am besten Befestigungen anlegte und welches Gelände für militärische Manöver nicht mehr geeignet war. Die Landvermessung gehörte somit zur Domäne der Militäradministration. 1801 gab Napoleon seinem Oberst Tranchot den Auftrag, für die annektierten Gebiete genaue Karten zu zeichnen – eine Aufgabe, der er sich mit wissenschaftlicher Akribie annahm.

1815 wurden die einst französischen Gebiete an Preußen übertragen, das sie als „Rheinprovinz“ organisierte. Auch hier fehlte es an brauchbarem Kartenmaterial. Sicherlich gab es einzelne Karten, die vornehmlich für Zwecke des Katasters und der Steuererhebung gebraucht wurden. Auch hier ging nun die Militärverwaltung daran, ein einheitliches Kartenwerk zu schaffen. Die Aufgabe wurde Generalmajor Freiherr Friedrich Karl von Müffling übertragen. Müffling erreichte es, dass die Franzosen das Kartenwerk Tranchots den Preußen übereigneten. Auf dieser Grundlage wurde die Arbeit für die Rheinprovinz weitergeführt.

Die Landvermesser bedienten sich des Verfahrens der „Triangulation“, das Geometer seit dem 16. Jahrhundert entwickelt hatten. Von einer bekannten Grundlinie aus lässt sich ein weiterer Punkt durch Winkelmessung über trigonometrische Verfahren genau bestimmen. Müffling hat – basierend auf den französischen Vorarbeiten – ein Netz aus Dreiecken über die preußischen Provinzen gelegt, das schließlich immer weiter verfeinert und differenziert wurde. Sein Büro entwickelte insbesondere neue Methoden für eine exakte Geländedarstellung.

Der Turmstumpf auf der Ruine Löwenburg. Der Trigonometriche Punkt befindet sich heute vor dem Turm, eine Bronzeplatte an der Mauer erläutert das Messverfahren.

Als Eckpunkte für die Vermessung dienten markante Geländepunkte, die auch über weite Entfernungen gut zu erkennen waren: Berghöhen, Turmspitzen, Signale, die auf festen Gerüsten montiert waren. „Trigonometrische Punkte“, Signalsteine mit Markierungen aus Metall oder durch Gravierungen, wurden fest im Boden verankert, wo man sie heute noch finden kann. Die Burgruine der Löwenburg bildete einen solchen „TP Erster Ordnung“ als Ausgangspunkt für die Vermessung des Rheinlandes.

Landvermessung wird heute durch Satellitendaten und GPS-Messungen durchgeführt. Staatliche Vermessungsämter haben die Aufgabe übernommen, Karten für unterschiedliche Zwecke herauszubringen.

4 Kanzlerrose und Bocciabahn
Das Haus Adenauer

Rhöndorf ist ein malerisches Winzerdorf am Fuße des Drachenfels. Der Ortskern mit einem gut erhaltenen Ensemble von Fachwerkhäusern ist den Ausflüglern aus dem Bonner Raum ein Begriff. Weltweiten Bekanntheitsgrad erhielt Rhöndorf allerdings erst als Wohnort von Konrad Adenauer, dem ersten Kanzler der Bundesrepublik Deutschland.

Nach der „Machtergreifung" hatten die Nationalsozialisten Konrad Adenauer, einen Politiker des katholischen Zentrums, von seinem Posten als Oberbürgermeister von Köln abgesetzt, ein Amt, das er seit 1917 innegehabt hatte. In der Reichspolitik amtierte Adenauer seit 1921 als Präsident des Preußischen Staatsrats.

Für die Nationalsozialisten war Adenauer ein Repräsentant des verhassten „Weimarer Systems". Sie ließen keine Gelegenheit aus, um ihn zu bedrohen und mehrfach zu verhaften. Aus Köln vertrieben, ließ er sich 1935 mit seiner großen Familie in Rhöndorf nieder. Auf einem Hanggrundstück, einem aufgelassenen Weinberg, errichtete er ein Wohnhaus, in das er 1937 einziehen konnte.

Als amerikanische Truppen im März 1945 das Rheinland eroberten, suchten sie Konrad Adenauer auf und setzten ihn als Oberbürgermeister von Köln ein. Die britische Besatzungsmacht entließ ihn jedoch schon im Oktober wieder – mit seiner resoluten Amtsführung und seinen politischen Ambitionen war er offenbar zu unbequem.

Konrad Adenauer engagierte sich in der Nachkriegszeit als Vorsitzender der in Köln 1946 neu gegründeten Christlich-Demokratischen Union. Das Programm der Partei trug seine Handschrift, im „Ahlener Programm" von 1947 legte er mit die Grundlagen der „sozialen Marktwirtschaft" fest.

Konrad Adenauer gehörte dem Parlamentarischen Rat an, der am 1. September 1948 in der Pädagogischen Akademie in der rheinischen Universitätsstadt Bonn zusammentrat. Die Delegierten wählten ihn zum Präsidenten. Ergebnis der Beratungen war das Grundgesetz, das am 23. Mai 1949 für die neue Bundesrepublik Deutschland in Kraft trat.

Und wo sollte die Hauptstadt des neuen Staates liegen? Berlin kam ja damals nicht in Frage. Am 10. Mai stimmte der Parlamentarische Rat über die aussichtsreichsten Kandidaten Frankfurt und Bonn ab. War es der Einfluss des Vorsitzenden Adenauer, der die Hauptstadt nahe seines Wohnsitzes Rhöndorf haben wollte, wie Spötter behaupteten? Bonn setzte sich mit knappem Vorsprung durch und stieg zur „provisorischen Bundeshauptstadt" auf.

Im August 1949 wurde der neue Bundestag gewählt; er wählte Konrad Adenauer mit einer Stimme Mehrheit – seiner eigenen – zum Bundeskanzler. Adenauer war 73 Jahre alt; vielen mochte er als „Übergangslösung" erscheinen. Tatsächlich wurde er zu einer bestimmenden Persönlichkeit in den ersten Jahren der Bundesrepublik Deutschland, deren Politik er bis zu seinem

Das Wohnhaus Konrad Adenauers mit einem fantastischen Blick über das Rheintal.

Rücktritt 1963 prägte: Die Westintegration, ausgeprägter Antikommunismus, die Wiederbewaffnung, die europäische Integration und die Aussöhnung mit Frankreich kennzeichnen seine Ziele.

Nach seinem Rücktritt zog sich Adenauer nach Rhöndorf zurück und widmete sich seinen Memoiren. Er verstarb 1967 und wurde auf dem Rhöndorfer Waldfriedhof beerdigt.

Die Familie Adenauer übertrug das Wohnhaus der Bundesrepublik Deutschland als Stiftung; es ist heute mit seiner Originaleinrichtung als Museum zu besichtigen. Im Haus empfing er im privaten Rahmen selbst Staatsgäste wie den britischen Premier oder General de Gaulle. Hier sind Ölbilder von der Hand Churchills und Eisenhowers als Gastgeschenke zu bewundern.

Weiterer Anziehungspunkt ist der ausgedehnte Garten, der auf Terrassen am Hang im milden Rhöndorfer Klima eine nahezu mittelmeerische Vegetation gedeihen lässt. Besondere Aufmerksamkeit widmete der Kanzler seinen Rosenbeeten, und natürlich darf auch eine Bocciabahn nicht fehlen – Souvenir des Urlaubs, den „der Alte" gern am Comer See verlebte.

Am Fuß des Geländes wurde ein moderner Ausstellungsbau errichtet, der mit Erinnerungsstücken und Medienpräsentationen das politische Wirken Konrad Adenauers nachzeichnet. Die Stiftung betreut im Archiv den Nachlass des ersten Bundeskanzlers, sie bewahrt durch Ausstellungen das Andenken an den bedeutenden Staatsmann und unterstützt Forschungsvorhaben zu seiner Politik.

5 Ziemlich im Norden
Weinbau am Drachenfels

Bis zum 51. Breitengrad kann man Reben anbauen, so lautet die Faustregel. Die nördlichsten Weinberge am Mittelrhein liegen kurz vor dieser Grenze, an den Hängen des Siebengebirges südlich von Bonn. Wenn nun gerade der Wein vom Drachenfels besonderen Ruf genießt, liegt das an den besonderen Vorzügen des Klimas und des Bodens.

Die Dörfer im Rheintal südlich von Bonn lebten früher zum großen Teil vom Weinbau. Gegen Ende des 19. Jahrhunderts bereitete die aus Amerika eingeschleppte Reblaus den meist kleinen Betrieben ein rasches Ende. Die Berghänge, die einst dicht mit Reben bestockt waren, lagen brach und verbuschten. Drei Betriebe in Nordrhein-Westfalen halten heute die Tradition aufrecht; sie bebauen noch knapp 20 Hektar von den einst fast 500 in der Region …

Besonderen Ruf genießt der Wein vom Drachenfels. Die steilen Hänge des vulkanischen Gesteins Trachyt liefern die geeignete mineralische Grundlage, die Höhen des Siebengebirges schirmen die Reben vor den kühlen Nordwinden ab. Der steinige Boden speichert die Sonnenwärme, der nahe Rhein tut das Seinige dazu.

Idyllische Weingüter in Fachwerkhäusern bieten vor Ort die richtige Atmosphäre für die Verkostung der Tropfen: Riesling, andere Weißweine und sogar ein Rotwein, der unter dem bezeichnenden Namen „Drachenblut" vertrieben wird. In Rhöndorf schmücken sich die Weinstuben mit Fotos der großen Zeit, als Bundeskanzler Adenauer, der berühmteste Einwohner des Ortes, Politiker aller Couleur zu Besprechungen am Gasttisch versammelte; manche Anekdote rankt sich um diese Zeit.

Die Arbeit der Winzer ist auf den steilen Hängen nach wie vor beschwerlich: Der Boden wird mit Pflügen bearbeitet, die von Winden hochgezogen werden, und natürlich kann nur von Hand gelesen werden.

Im Rhöndorfer Weingut Domley ist ein Winzer tätig, der seine Familie bis 1742 vor Ort nachweisen kann. In den historischen Gebäuden von 1905 – eine Winzerhalle, der Keller mit alten Holzfässern und ein filmreifes Kontor – finden neben Weinproben auch Kleinkunst-Veranstaltungen vor einem Stammpublikum statt. In die Weinberge am Drachenfels, die auch in die Gemarkung Königswinter reichen, teilt sich seit Generationen erfolgreich eine weitere Winzerfamilie.

Vor einigen Jahren hatte sich am Drachenfels ein Felsbrocken von der Felswand gelöst und eine Schneise in die Rebenreihen gerissen. Bis Schutzzäune angelegt waren, verbot die Behörde den Winzern, ihre Arbeiter in die Weinberge zu schicken. Rhöndorfer Bürger schlossen sich zusammen, um den Jahrgang zu retten: Auf eigene Gefahr kletterten Trupps von Freiwilligen als „Wingert-Guerilla" auf den Steilhang und brachten die Riesling-Ernte ein – der Jahrgang 2013 mit besonderem Etikett ist inzwischen ein Sammlerstück.

Die Rebhänge südlich der schroff aufragenden Felsen des Drachenfels. Das Türmchen inmitten des Weinbergs diente früher den Flurschützen, die vor der Lese die gefräßigen Stare vertrieben.

6 Freiheitskrieg am Rhein

Landsturmdenkmal Drachenfels

Der Drachenfels in Königswinter gehört zu den beliebtesten Ausflugszielen im mittleren Rheintal. Von der großen kurkölnischen Grenzfeste aus der Stauferzeit ist nicht viel mehr als eine Turmruine übrig geblieben – die Brüche des begehrten Trachyt-Gesteins haben sie kräftig „angenagt". Seit Lord Byron ist der Turm ein Wallfahrtsort der Rheinromantik.

Die Ausflügler sind auf dem Plateau vor der Ruine erst einmal hingerissen vom Ausblick auf das Rheintal und die Stadt Bonn. Der bekannte Aussichtspunkt erschien den deutschen Freiheitskämpfern zu Beginn des 19. Jahrhunderts als idealer Ort für ein Denkmal ihrer Kriegstaten.

1813 hatte die Völkerschlacht bei Leipzig das Ende der napoleonischen Vorherrschaft in Mitteleuropa eingeleitet. Die französischen Truppen strömten zurück, in den unsicheren Übergangszeiten hatten sich allenthalben in Deutschland Bürgerwehren, der „Landsturm", gebildet, um zusammen mit den siegreichen preußischen und russischen Truppen die Ordnung einigermaßen aufrechtzuerhalten. Immer noch war der Rhein Staatsgrenze gegenüber dem Kaiserreich Frankreich. In der Neujahrsnacht 1813/14 überschritt General Blücher den Rhein bei Kaub. Der Landsturm des Siebengebirges versuchte, sich mit einer preußischen Einheit unter Führung des Majors Boltenstern auf eigene Faust gleichermaßen auszuzeichnen. Ein Trupp besetzte die Rheininsel Nonnenwerth vor Honnef, Boltenstern überquerte mit seiner Kompanie den Rhein bei Mülheim und versuchte, Köln von der immer noch anwesenden französischen Besatzung zu befreien. Beides spontane Aktionen, die schnell im Abwehrfeuer der Franzosen scheiterten; Major Boltenstern und zwanzig seiner Leute kamen ums Leben.

Schon 1814 – Napoleon hatte abdanken müssen – sammelten die Landsturmmänner Geld, um für die Siegesfeiern den Gefallenen aus ihren Reihen auf dem Drachenfels eine Gedenksäule zu errichten. Alljährlich versammelten sich hier die Patrioten.

Freilich hielt der Obelisk aus Trachyt der Verwitterung nicht lange stand, er musste 1843 abgebaut werden. Wiederum organisierten Bürgerkomitees eine Sammlung, der Preußenkönig Friedrich Wilhelm IV. steuerte eine beträchtliche Summe bei. Der Kölner Dombaumeister Friedrich Zwirner lieferte den Entwurf für eine neue gotische Säule, die schließlich 1857 eingeweiht werden konnte. Die Inschrift wurde im monarchischen Sinne abgewandelt: Statt an die Namen der gefallenen Helden von 1814 wurde nunmehr nur allgemein „an die patriotische Hingebung des rheinischen Volkes" erinnert.

Und noch ein weiteres Mal musste die Säule renoviert werden: 1876 unter Kaiser Wilhelm I. Eine neue Inschrift erinnert jetzt „an die Wiederherstellung des Deutschen Reiches". 1945 beraubte eine amerikanische Granate das Denkmal seiner Spitze – es erinnert so eindringlich an die Vergänglichkeit der Reiche …

Das Landsturmdenkmal, ein Monument zur Erinnerung an die Freiheitskriege gegen Napoleon, vor der Burgruine am Drachenfels.

7 Esel und Dampflok
Die erste deutsche Bergbahn

Wer käme schon auf die Idee, die Frage nach der ältesten Zahnradbahn in Deutschland nicht zu beantworten mit: „Na, irgendwo in den Alpen"? Tatsächlich führt sie auf „den höchsten Berg Hollands" – so nennt man spöttisch oft den Drachenfels, wegen der zahlreichen Touristen, die vom Schiff aus den Aufstieg zum Aussichtspunkt über dem Rheintal machen.

Seinen Namen hat der Berg, eine 321 Meter hohe Vulkankuppe, vom mädchenverschlingenden Drachen, der hier in einer Felshöhle gehaust habe, sagen die einen; andere behaupten, der Held Siegfried habe ihn hier erschlagen. Hochaufragende Felsen, die Wände alter Steinbrüche und die malerischen Trümmer einer kurkölnischen Grenzburg ließen den Platz mit der überwältigenden Aussicht auf das Rheintal schon in der Zeit der Rheinromantik zu einem vielbesungenen Wanderziel werden (→ HL 6). Dampfschiffe führten seit 1827 regelmäßig Touristen aus Richtung Köln und Bonn heran, 1870 hatte auch die Eisenbahn Königswinter erreicht. Wem der Aufstieg über 300 Höhenmeter zu beschwerlich war, der konnte am Fuß des Berges einen Esel als Reittier mieten. Die Esel hatten früher Materialien zu den Steinbrüchen transportiert. Im 19. Jahrhundert entdeckten die Landwirte, dass die Vermietung der Tragetiere an Touristen eine willkommene Einnahmequelle darstellte. Im Sommer ist der Eselsritt heute noch ein Vergnügen vornehmlich für Kinder. Der ortsansässige Künstler Ernemann Sander (1925–2020) setzte den Eseln 1984 mit einem Brunnen am Rheinufer in Königswinter ein Denkmal.

Als Mitte des 19. Jahrhunderts in der Schweiz die ersten Bergbahnen erfolgreich verkehrten, kam auch in Königswinter der Plan auf, die zahlreichen Touristen mit einer Zahnradbahn auf den Drachenfels zu befördern. Und tatsächlich erhielt 1881 eine Gesellschaft die kaiserliche Konzession dafür. Natürlich gab es Proteststürme gegen das Vorhaben, die Kutscher und Reittiervermittler waren dagegen, Anwohner befürchteten Belästigungen durch den Lärm und den Rauch der Dampflokomotiven, Naturliebhaber sahen ihre Pläne durchkreuzt, den Drachenfels und das Siebengebirge unter Naturschutz zu stellen. Die Bahnbefürworter setzten sich durch: 1883 konnte die Zahnradbahn eröffnet werden – und sie war von Anfang an ein durchschlagender Erfolg.

Die ersten Lokomotiven kamen aus Esslingen; auf der 1½ Kilometer langen eingleisigen Strecke mit einer Spurweite von einem Meter schoben sie je zwei Wagen nach oben. Etwa in der Mitte lag die Ausweiche beim Bahnhof Drachenburg (→ HL 8), in der sich Berg- und Talfahrt begegneten. Lokomotiven und Wagen wurden immer wieder erneuert; pro Jahr wurden rund 100.000 Fahrgäste befördert. Die Kriegsjahre brachten große Einschnitte; anstelle der ausbleibenden

Vor der Talstation wurde die restaurierte Dampflok aus dem Jahr 1927 aufgestellt. Angetrieben wird das Zahnrad in der Fahrzeugmitte, das in eine Zahnschiene zwischen den Gleisen eingreift. Mit der auffälligen Schräglage des Fahrgestells wurde die bis zu zwanzigprozentige Steigung der Strecke kompensiert.

Touristen wurden Soldaten auf Heimaturlaub und genesende Verwundete befördert.

In den 1950er- und 60er-Jahren brachte der wiederauflebende Tourismus neue Fahrgastrekorde; Königswinter entwickelte sich mit seinen Weinstuben und Tanzcafés zur „Drosselgasse am Siebengebirge".

Ein schwerer Unfall brachte 1958 den Bahnverkehr zum Erliegen; an der Talstation erinnert eine Gedenkstätte an die Opfer. Die Strecke wurde auf Elektrizitätsbetrieb umgestellt und mit modernen Sicherheitsstandards ausgerüstet.

Mit dem Neubau der Restauration auf dem Drachenfels-Plateau und der Umgestaltung der Talstation präsentiert sich die nunmehr weit über 100 Jahre alte Bergbahn durchgängig im modernen Gewande. Sie trägt damit auch dem aktuellen Strukturwandel des Tourismus Rechnung.

8 Der Bankier und sein Traumschloss
Die Drachenburg

Die Burg Neuschwanstein im Allgäu ist das bekannte Beispiel dafür, wie ein König seinen Traum vom Mittelalter im Stile Richard Wagners verwirklichte. Der Rheinländer braucht deshalb nicht bis nach Bayern zu fahren: Im Siebengebirge kann er das auch finden – nur dass der Bauherr eben ein Bankier war …

Der Erbauer der Drachenburg, Stephan Sarter, wurde 1833 in Godesberg geboren. Nach seiner Banklehre in Köln entwickelte er sich zum Börsenspezialisten und ging 1862 nach Paris. Mit internationalen Aktienspekulationen – unter anderem mit Papieren des Suez-Kanals und Eisenbahnobligationen in den USA – konnte er ein beträchtliches Vermögen erwerben. 1881 erkaufte er sich vom Herzog von Sachsen-Meiningen den Freiherrntitel. Mit seiner rheinischen Heimat blieb er immer verbunden: 1882 erwarb er ein großes Grundstück auf halber Höhe des Drachenfels, in einer der spektakulärsten Landschaften des Mittelrheins, und gab den Bau einer großen Burg in Auftrag. Er wollte sich damit ein Denkmal setzen: seinem neu erworbenen Adelstitel, seiner Liebe zum deutschen Mittelalter und zu den Sagen seiner Heimat, nicht zuletzt seiner Begeisterung für Kaiser und Reich. Ein Berliner Architekturbüro und schließlich ein in Paris tätiger deutscher Architekt lieferten die Pläne im Sinne des Historismus.

Der Bau entstand zwischen 1882 und 1884 inmitten eines prächtigen Landschaftsparks. Auf einem Sockel in solidem Rustika-Mauerwerk erhebt sich ein dreigeschossiger Hauptbau in fantasievollen Formen des rheinischen Übergangsstils zwischen Romanik und Gotik. Er wird von einem massiven Bergfried überragt. Nach Norden hin schließt sich ein Galerieflügel mit hohen Glasfenstern an, den Abschluss bildet ein zinnenbewehrter Turm im Norden.

Für die Innenausstattung holte sich Sarter die besten Künstler der Zeit aus München und Köln. Erker, Türmchen, Säulen und zahllose Statuen schmücken die Fassaden rund um das Gebäude. Gemälde schmücken die Raumfolgen im Innern: Siegfried und der Drache, die Nibelungensage, Szenen aus der Geschichte des Rheintals und der Stadt Köln, berühmte Herrscherfiguren des deutschen Mittelalters, nicht zu vergessen Kaiser Wilhelm I. als Erneuerer des Deutschen Reiches.

Baron Sarter selbst hat das Schloss nie bewohnt; er nahm 1892 die französische Staatsbürgerschaft an und verstarb 1902 in Paris. Sein Schloss ging anschließend durch viele Hände, das „Schnörkelzeug“ der Architektur wurde im 20. Jahrhundert nicht besonders geschätzt. 1989 gelang es dem Land Nordrhein-Westfalen, den Bau zu erwerben. Zwei Jahrzehnte lang wurde gesichert, die handwerklich hochwertige Ausstattung renoviert. Seitdem dient das Schloss wieder als

Die Drachenburg von Osten.

Anziehungspunkt für alle, die sich für die neue Wertschätzung historistischer Kunstwerke begeistern können. In der Vorburg hat die Nordrhein-Westfalen-Stiftung ein Museum zur Naturschutzgeschichte eingerichtet.

9 Backöfen und Flugzeugmotoren
Die Ofenkaulen

Wenn man von Königswinter die Straße hinauf zur Margaretenhöhe fährt, passiert man etwa auf halber Höhe die „Ofenkaul". Versteckt im Wald liegen da zur Rechten die Spuren alter Karrenwege, vermauerte Stolleneingänge und zugeschüttete Schächte: Zeugnisse einer einst bedeutsamen wirtschaftlichen Aktivität der Bewohner.

Kaul" – das Wort bedeutet so viel wie „Grube", „Kuhle": Damit bezeichnete man alte Steinbrüche, in denen Trachyttuff abgebaut wurde. Im Siebengebirge gab es vor etwa 30 Millionen Jahren zahlreiche Vulkane; sie überzogen das ganze Gebiet mit einer dicken Schicht vulkanischer Asche. Die Erosion hat sie an einigen Stellen erhalten; die Asche wurde zu einem porösen, leicht zu bearbeitenden Gestein verbacken. Der Tuff speichert Wärme sehr gut und gibt sie ganz langsam wieder ab – ideales Baumaterial für Öfen.

Die Einwohner Königswinters fanden früher ihr Auskommen im Weinbau – und als Steinmetzen. Die Steinhauerzunft wird seit dem 16. Jahrhundert urkundlich erwähnt. Spezialisiert hatte man sich auf den Bau von Backöfen. Der Tuff wurde in ausgedehnten unterirdischen Galerien in den Ofenkaulen gebrochen; in noch feuchtem Zustand war der Stein am leichtesten zu bearbeiten. Mit Karren wurden große Blöcke ans Rheinufer geschafft und dann erst in die gewünschte Form und Größe gebracht. Lange wurde das Steinmaterial per Schiff an die Bestellorte geliefert; ab 1871 übernahm die Eisenbahn diese Aufgabe. Bis zum Beginn des 20. Jahrhunderts waren Königswinterer Backöfen bei den Bäckern auch in der weiteren Umgebung sehr gefragt: Exportiert wurde nach Westfalen, vereinzelt bis nach Belgien und Nordfrankreich. Eine Woche lang dauerte es, bis ein gewerblicher Ofen aufgebaut war – die Königswinterer Steinmetzen waren so als „ambulantes Gewerbe" oft lange von zu Hause abwesend.

Ein Exemplar eines Backofens wurde im Siebengebirgsmuseum in Königswinter wieder eingebaut, bei besonderen Veranstaltungen wird dort „Brot wie früher" gebacken.

Während des Zweiten Weltkrieges wurden die verzweigten Galerien und Höhlensysteme der Ofenkaulen für Rüstungsbetriebe beschlagnahmt. 1944 verlegte die Firma „Aero-Stahl Fluggerätebau" aus Köln ihre Produktionsstätten in die bombensicheren Höhlen. Ein Barackenlager für etwa 400 Zwangsarbeiter wurde im Wald errichtet. Sie hatten unter miserablen Bedingungen Einspritzpumpen für Flugzeugmotoren zu fertigen.

Im März 1945 überschritten die Amerikaner auf der Remagener Brücke den Rhein. Königswinter fand sich im Granatfeuer der von Süden her vorrückenden Amerikaner und im Abwehrfeuer der zurückweichenden Wehrmacht auf den Höhen des Siebengebirges wieder. Die Bewohner retteten sich vor dem Beschuss in die Ofenkaulen auf halber Höhe des

Eine alte Aufnahme zeigt Bewohner aus Königswinter, die sich vor den Kriegsereignissen im März 1945 in die Ofenkaulen gerettet haben.

Berges; mehrere Hundert Menschen harrten dort über Wochen auf notdürftig eingerichteten Lagern aus.

Eine Augenzeugin, Mechthild Hartmann, die als achtjähriges Kind in den Ofenkaulen lebte, berichtet: „Da in der Höhle Tag und Nacht Wasser von der Decke tropfte, teils Sickerwasser, teils Kondenswasser vom Atem der vielen Menschen, war ein ungestörtes Verbleiben fast unmöglich […]

Von einem nahegelegenen Bauernhof holte mein Vater Stroh […] Er baute aus herumliegenden Steinen eine Fläche, legte darauf Tannenzweige, verteilte das Stroh und deckte das Ganze mit einer Zeltplane ab. Ein Dach baute er mit Latten und Stöcken, die er in eine Trockenmauer hineinrammte, und spannte darüber eine Zeltplane. So war unser Lagerplatz relativ trocken. […] Als Lichtquelle hatten wir Kerzenreste, alle unsere Taufkerzen."

Das gesamte Gelände der Ofenkaulen ist heute als Bodendenkmal unter Schutz gestellt. An vielen Stellen der Galerien drohen Felsbrocken herabzustürzen. Die Eingänge zu den Galerien sind, soweit sie nicht eingestürzt oder verschüttet sind, aus Sicherheitsgründen zugemauert und versperrt, einzig für Fledermäuse hat man Einflugritzen gelassen.

Eine ganze Reihe von bedrohten Fledermausarten findet hier Schlafplätze und ein geschütztes Winterquartier. Biologen haben hier acht Fledermausarten nachgewiesen; das streng geschützte Große Mausohr überwintert mit etwa 200 Exemplaren. An Abenden im Spätherbst schwärmen regelmäßig an die 500 Fledermäuse vor den Ofenkaulen.

10 Touristen, Militärs, Staatsgäste
Das Grandhotel Petersberg

Gegenüber von Bad Godesberg „thront" fast 300 Meter über dem Rheintal das Hotel Petersberg. Ursprünglich Klostersitz, bis ins 18. Jahrhundert Wallfahrtsort, trug der Gipfel seit dem Ende des 19. Jahrhunderts ein Kurhotel für betuchte Gäste. Ihre historische Bedeutung erlangte die Anlage erst richtig, als Bonn 1949 zur provisorischen Hauptstadt der Bundesrepublik Deutschland aufstieg.

Im Jahr 1892 eröffnete eine Kölner Gastronomen-Familie auf dem Petersberg ein Hotel, das als Attraktion per Zahnradbahn von Königswinter aus erreichbar war. Das Unternehmen ging schnell bankrott. 1912 erwarb Ferdinand Mülhens, der Fabrikant des weltberühmten Kölnisch-Wassers 4711, das Anwesen, riss den Bau ab und errichtete ein ausgedehntes Luxushotel im neubarocken Stil inmitten eines großen Parks.

Im Zweiten Weltkrieg diente das Hotel als Lazarett, dann wurde es von den Besatzungsmächten beschlagnahmt. 1949 entschied man sich für Bonn als provisorische Hauptstadt der neu geschaffenen Bundesrepublik Deutschland. Die Stadt und ihr Umland erhielten einen Sonderstatus als besatzungsfreies Gebiet; als Vertretung der im „Besatzungsstatut" fixierten alliierten Vorbehaltsrechte wurde im Hotel Petersberg die „Hohe Alliierte Kommission" untergebracht: je ein Hochkommissar der Amerikaner, Briten und Franzosen vertrat die westlichen Siegermächte als Ansprechpartner für die Bundesregierung. Im „Petersberger Abkommen" unterzeichnete Bundeskanzler Adenauer am 22. November 1949 eine Vereinbarung, die als erster Schritt der Bundesrepublik auf internationalem Parkett gewertet wurde.

1952 zog die mittlerweile verkleinerte Hohe Kommission nach Bad Godesberg um; das Hotel wurde seinen Besitzern

Blick auf die Anlage des Hotels Petersberg. Die Rotunde in der Mitte dient als Konzertsaal und Veranstaltungsraum. In den Bäumen versteckt sich die barocke Kapelle St. Peter.

zurückgegeben. Die Bundesrepublik mietete das Hotel jeweils an, um hier Staatsgäste wie Kaiser Haile Selassie von Äthiopien, Queen Elizabeth, den Schah von Persien oder Generalsekretär Breschnew unterzubringen. Letzterer – so wird erzählt – zerlegte bei einer nächtlichen Probefahrt auf der serpentinenreichen Zufahrtsstraße sein Gastgeschenk, einen hochmotorisierten Mercedes.

Seit 1979 gehört das Hotel als „Gästehaus" der Bundesrepublik Deutschland, die es mit hohem finanziellen Aufwand gründlich renovieren ließ. Die Zufahrtsstraße wurde verbreitert, ein Hubschrauber-Landeplatz angelegt, für die Sicherheitsorgane entstanden hochmoderne Unterkünfte. Nach 1990 logierten in der großen Präsidenten-Suite erneut Staatsgäste, es wurden politische Gipfeltreffen für den Ministerrat der Westeuropäischen Union oder die Schengener Vertragsstaaten und bedeutende internationale Konferenzen organisiert, etwa 2001/2002 über Afghanistan.

Das Hotel blieb auch nach dem Umzug der Bundesregierung nach Berlin im Bundesbesitz; es wird heute als 5-Sterne-Hotel von einer Unternehmensgruppe geführt; für Wanderer gibt es einen Biergarten. Defizite müssen eben kompensiert werden durch die prachtvolle Lage, den Chic und den historischen Ruf …

11 Ein Höhepunkt der Romantik
Die Chorruine Heisterbach

Da steht sie, inmitten eines romantischen Parks, vor der Kulisse alter Bäume – wie auf einem Bild von Caspar David Friedrich. Unschwer stellt man sich davor den einsamen Mönch vor, der in tiefe Meditation versunken über geheimnisvolle Bibelstellen sinniert. Kein Wunder, dass die Chorruine des Klosters Heisterbach ein Wallfahrtsort der Romantiker war.

Viel ist nicht übrig geblieben von der großen Abteikirche der Zisterzienser im stillen Tal, durch das man von Oberdollendorf aus auf die Höhen des Siebengebirges fährt. In der Zeit nach der Französischen Revolution hatte man die letzten Mönche vertrieben, und nachdem sich für den Bau, der von der Länge her dem Kölner Dom nicht viel nachstand, kein Verwendungszweck fand, hat man ihn 1809 auf Abbruch verkauft. Die Steine wurden für einen Kanalbau an den Niederrhein und für die Festung Ehrenbreitstein nach Koblenz verschifft. Der Kreis von Kunstfreunden und Gemäldesammlern um den Kölner Kaufmann Sulpiz Boisserée machte auf die Ruine aufmerksam, bis die Regierung der Rheinprovinz den weiteren Abbruch verbot – aber da stand nur mehr der Chor aufrecht, der einst den Hauptaltar umschlossen hatte.

Die Kirche wurde zwischen 1202 und 1237 errichtet; sie gehörte zu den bedeutendsten Beispielen des Übergangsstils von der Romanik zur Gotik im Rheinland. Die Stilelemente in Heisterbach sind noch romanisch: Rundbögen, glatte Säulen mit Würfelkapitellen. Die Gotik deutet sich an in den stark überhöhten Rundbögen besonders im Obergeschoss und in der besonders schlanken Gestaltung der Säulen; als Besonderheit sind sie in der Chorruine doppelt hintereinandergestellt, was dem Mauerwerk Eleganz und Leichtigkeit vermittelt.

Der Chor ist nach dem Vorbild französischer Kirchen als Umgang mit einem Kapellenkranz ausgebildet. Das findet sich in Wallfahrtskirchen: Die Pilger fanden dort in Nischen zahlreiche Kapellen – in Heisterbach sind es sieben –, auf deren Altären sie Messen lesen lassen konnten.

1820 erwarb ein Graf zu Lippe das Gelände und ließ es zu einem parkartigen Landschaftsgarten ausgestalten. Später richteten hier Klosterfrauen ein Altenheim ein, seit 1984 kümmert sich eine Stiftung um die historischen Gebäude und den Unterhalt sozialer Einrichtungen, die in modernen Klosteranlagen aus den Jahren 1956 untergebracht wurden. Um die Jahrtausendwende wurde die Chorruine gründlich gesichert und das Kloster samt seinem Umfeld als Kulturlandschaft erlebbar gemacht.

Die Klosteranlage der Zisterzienser in Heisterbach hat eine lange Vorgeschichte. Zunächst hatte sich der Orden 1189 auf dem Petersberg, einer beherrschenden Anhöhe oberhalb des Rheintals niedergelassen (→ HL 10). Dort gab es eine aufgegebene Niederlassung der Augustiner-Chorherren. Zwölf

Die Chorruine der Abteikirche Heisterbach: vor den bewaldeten Höhen des Siebengebirges ein gefragtes Fotomotiv und im Sommer stimmungsvoller Hintergrund für Konzerte und Theateraufführungen.

Mönche aus der Abtei Himmerod in der Eifel suchten sich einzurichten, aber auf der zugigen Anhöhe fanden sie offenbar nicht den Platz, den sie für den Unterhalt des Klosters brauchten. Schon nach vier Jahren zogen sie einige hundert Meter hinab ins Tal. Hier gab es Ackerflächen, ausreichend Wasser für Fischteiche und Mühlen. Das Kloster erlebte eine Blütezeit, die mit dem Mönch Cäsarius von Heisterbach einen bedeutenden Theologen und Verfasser von Heiligenlegenden hervorbrachte.

Die Kriege des 16. und 17. Jahrhunderts zogen das Kloster schwer in Mitleidenschaft, und es hatte immer wieder um seinen Fortbestand zu kämpfen.

Von älteren Anlagen aus der Mitte des 18. Jahrhunderts sind heute noch eine Zehntscheuer mit einem bemerkenswerten Dachstuhl erhalten, ein Torbau von 1750 und ein barockes Brauhaus. Die Scheune ist für die Umgebung zu einem gern besuchten Kulturzentrum geworden; ein rühriger Verein organisiert hier Ausstellungen und Konzerte.

12 Einkehr und Erinnerung
Das Haus Schlesien

In Heisterbacherrott, einem Dorf hinter dem Siebengebirge, stand 1978 ein großer Gutshof leer. Ihn kaufte ein Verein heimatvertriebener Schlesier, um dort mit Unterstützung der Bundesrepublik Deutschland ein Museum und eine Begegnungsstätte einzurichten. In der Europäischen Union hat sich das Haus Schlesien mittlerweile zu einem Ort des Kontaktes und der Versöhnung zwischen Deutschen und Polen entwickelt.

Der Gutshof geht auf einen Fronhof des Stifts Vilich bei Bonn zurück. Nach der Säkularisation kam er in private Hände und wurde 1822 zu einem großen Vierseithof ausgebaut.

Die ausgedehnten Ländereien haben längst Siedlungshäusern Platz gemacht, die hier im landschaftlich schönen Bonner Umland besonders gefragt sind. 1973 konstituierte sich ein gemeinnütziger Verein „Haus Schlesien“, der mit Unterstützung der Bundesregierung in den Gutsgebäuden nach 1978 ein „Dokumentations- und Informationszentrum für Schlesische Landeskunde“ einrichtete.

Gegen Ende des Zweiten Weltkrieges sind viele Deutsche aus den Ostgebieten des Reiches vor der Roten Armee geflohen, die Beschlüsse der Potsdamer Konferenz legten 1945 die „Umsiedlung“ der verbliebenen Deutschen fest. Viele der 4 Millionen Schlesier ließen sich in den neu entstehenden Ländern der Westzonen nieder. In der Not der Nachkriegszeit verlief die Integration der Vertriebenen anfangs nicht ohne Probleme; in den Jahren des Aufbaus hatten sie wesentlichen Anteil am beginnenden „Wirtschaftswunder“. In den 90er-Jahren kamen dann auch viele Aussiedler in die Bundesrepublik, die nun sowohl in der polnischen wie in der deutschen Kultur zuhause waren.

Zu dem Komplex im einstigen Gutshof gehört ein Museum, das sich durch Ankäufe und Schenkungen zu einer reichhaltigen Sammlung zur Kulturgeschichte Schlesiens entwickelt hat. In den weitläufigen Nebengebäuden wurden ein Hotel und ein Restaurant eingerichtet; im Sommer lockt ein großer Biergarten im Innenhof unter schattigen Kastanien Wanderer und Gäste zur Rast und zum Verkosten nicht nur schlesischer Spezialitäten. In den umgebauten Scheunen und Stallungen sind eine reichhaltige Bibliothek und Seminarräume untergebracht, die Deutsche und Polen zu Begegnungen einladen. Mit Partnern in Breslau und anderen Museen organisiert Haus Schlesien gemeinsame Ausstellungen und pflegt wissenschaftliche Diskussion und Studentenaustausch mit deutschen und polnischen Universitäten.

Krippendarstellung auf einem Hinterglasbild – ein Beispiel aus den volkskundlichen Sammlungen. Die Bilder wurden von Glasarbeitern und der bäuerlichen Bevölkerung der schlesischen Gebirgsgegenden in den Sudeten im Nebenerwerb gemalt. Ein Zentrum war Kaiserswalde in der Grafschaft Glatz (Foto: Bernadett Fischer, Haus Schlesien).

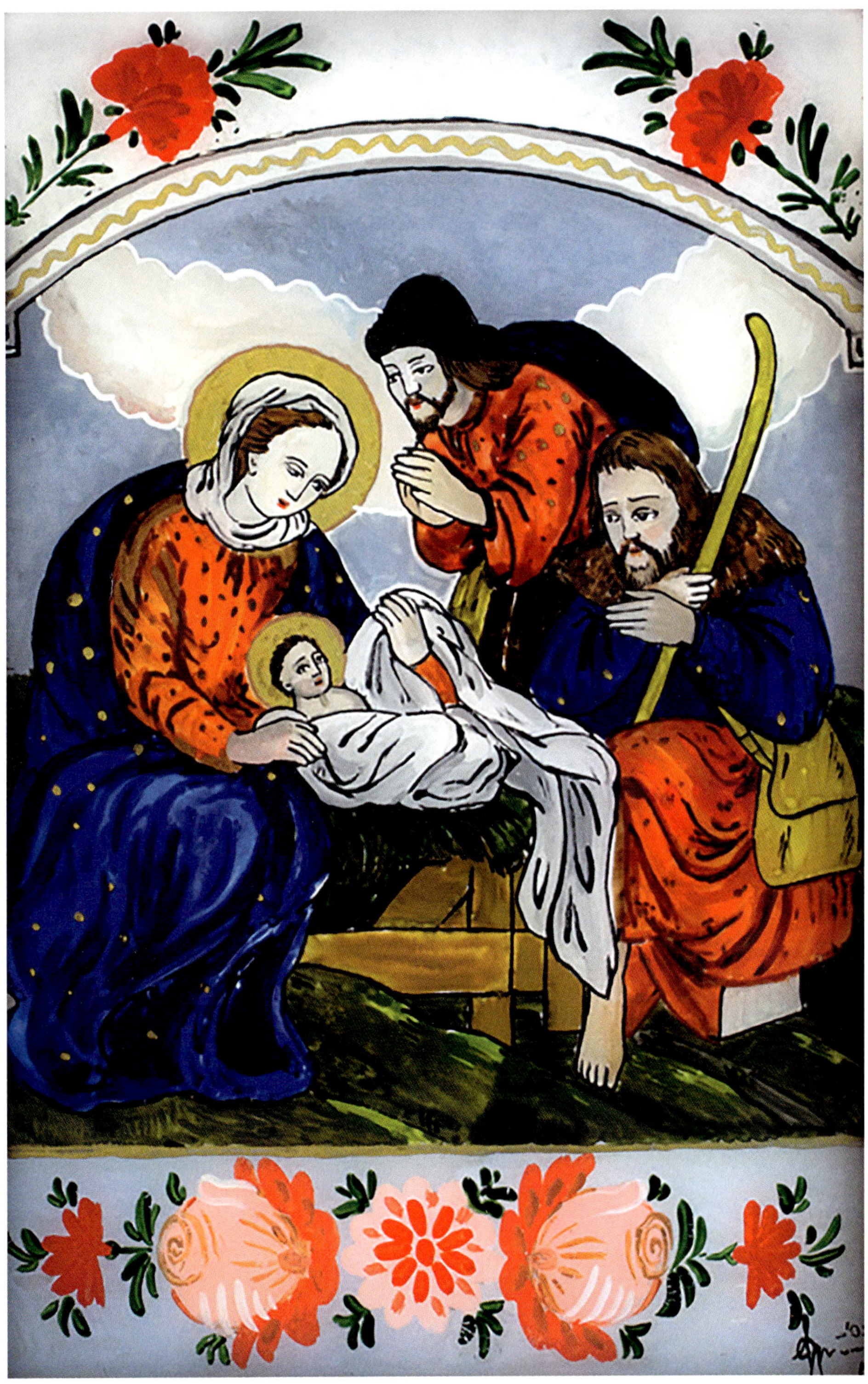

13 Land auf Feuer
Basalt aus dem Siebengebirge

Als sich im Tertiär, vor etwa 30 Millionen Jahren, das Rheinische Schiefergebirge auffaltete, bildeten sich zahlreiche Klüfte und Spalten, in denen aus den Tiefen der Erde flüssige Lava aufstieg. So entstand die Vulkanlandschaft in der Eifel, im Westerwald und im Siebengebirge. Diese Vulkanschlote sind längst erkaltet; den Menschen dienten sie als willkommene Quellen für gefragte Baumaterialien.

Die Römer hatten sich schon vom Drachenfels (→ HL 6) Blöcke für ihre Tempelbauten geholt. Das Kloster Heisterbach (→ HL 11) wurde aus Quadern errichtet, die von den Mönchen auf dem nahe gelegenen Stenzelberg gewonnen wurden. Da das gewichtige Baumaterial am günstigsten per Schiff transportiert werden konnte, entwickelten sich zunächst die Steinbrüche, die direkt am Rheinufer lagen. Im 19. Jahrhundert stieg mit der Regulierung des Rheins und mit dem beginnenden Eisenbahnbau die Nachfrage nach dem harten Basalt. Besonders begehrt waren die Basaltsäulen: Wenn Basaltlava erkaltete, sonderte sie sich beim Erstarren oft in fünf- oder sechseckigen Säulen ab, die leicht zu brechen und zu verarbeiten waren. Überall im Siebengebirge und im Westerwald wurden nun Basaltbrüche eröffnet. Schmalspurbahnen brachten die Blöcke an die Verladestellen in den Uferorten (→ HL 25), Transportseilbahnen ergänzten das Netz. Die Steinindustrie beschäftigte Tausende von Arbeitern. Um die hohen Kosten für Schienenwege und Maschinenausstattung tragen zu können, schlossen sich rheinische Steinbruchbesitzer und holländische Kaufleute 1888 zur Basalt-AG zusammen. Eigene Frachtschiffe brachten Basalt für den Deichbau bis nach Holland und an die Nordsee.

Spätestens der Zweite Weltkrieg brachte die vielen Steinbrüche im Siebengebirge und in der Umgebung zum Erliegen. In Betrieb sind heute nur noch der Schotterbruch Hühnerberg am Rande von Königswinter und der Bruch in Kasbach bei Linz. Allenthalben finden sich noch tiefe Krater, in denen sich unter steilen Felswänden oft kleine Seen gebildet haben. Die Natur hat sich die Halden zurückerobert; als Rückzugsgebiete für viele Tier- und Pflanzenarten stehen sie unter Naturschutz.

Die Basaltsäulen als geschätztes Baumaterial haben längst der maschinellen Produktion von Schotter und Steinsplitt in riesigen Tagebauen Platz gemacht. Die Basalt-AG hat sich zu einem modernen Unternehmen für Baumaterialien gewandelt, das Produktionsstätten in ganz Europa betreibt. Hergestellt werden vor allem Natursteinprodukte und Asphaltmischgut für den Straßen- und Flughafenbau.

Ein altes Foto zeigt einen Arbeiter bei der gefährlichen Arbeit in einem Basaltbruch. Die Basaltsäulen wurden per Hand mit Brechstangen aus der Wand gelöst; beim Sprengen wären sie zerstört worden. Die Steine wurden dann auf Loren geladen und mit Seilzügen aus den tiefen Brüchen abtransportiert. ›

14 Bloß kein Nebel! Optischer Telegraph Hennef-Söven

Nachrichten schnell und sicher zu übermitteln ist für das Militär von entscheidender Bedeutung. Preußen hatte 1815 mit der Rheinprovinz die Aufgabe der Verteidigung gegen Angriffe übernommen. Vom Hauptquartier in Berlin bis zum Kommando im Westen in Koblenz brauchten Meldereiter drei Tage. Schneller ging's mit dem Optischen Telegraphen, einer französischen Erfindung der Revolutionszeit.

Im Jahre 1832 verfügte König Friedrich Wilhelm III. den Bau einer optischen Telegraphenlinie von Berlin zum Rheinischen Oberkommando nach Koblenz – die politischen Unruhen im Westen Europas verlangten nach schnelleren Kommunikationslinien.

Die Entfernung von etwa 600 Kilometern Luftlinie wurde durch 62 Stationen überbrückt. Die Telegraphenlinie begann in der Alten Sternwarte in der Berliner Dorotheenstraße, sie verlief auch durch ein Stückchen Hannoversch-braunschweigisches Gebiet ziemlich gerade nach Westen bis Köln und endete am Dach des Südflügels des Koblenzer Schlosses. Die Signalmasten wurden auf turmartigen Gebäuden mit Wohnungen für die „Operateure" – durchweg Militärs – oder auf Kirchtürmen untergebracht. Die Signaltürme hatten einen Abstand von etwa zwei preußischen Meilen, also 12 bis 14 Kilometern. Gelegentlich hat sich der Flurname „Telegrafenberg" erhalten.

Die Relaisstation in Köln war auf dem Turm der Kirche St. Pantaleon eingerichtet. Von dort aus ging es nach Flittard – einer beispielhaft restaurierten Station – und dann Richtung Siegburg und über die Höhenzüge des Westerwaldes bis zum Koblenzer Schloss.

Mit Fernrohren wurden die Zeigerstellungen gelesen und rasch weitergegeben. Bei guten Sichtbedingungen brauchte eine kurze Nachricht von Berlin nur knapp 30 Minuten bis Koblenz. 1833 ging die Linie in Betrieb. Problematisch bei allen optischen Telegraphen waren die atmosphärischen Bedingungen: Bei großer Hitze flimmerte die Luft, bei Nebel ging gar nichts mehr …

Im heutigen Rhein-Sieg-Kreis haben sich zwei Stationen erhalten: die Station Nr. 53 in Troisdorf-Spich, heute stark verändert als Restaurant „Forsthaus Telegraph", und die Station Nr. 54 in einem Privathaus im Dorf Söven südlich von Hennef. Ein dort ansässiger preußischer Beamter hatte das Gelände für den Bau zur Verfügung gestellt.

Das Gebäude zeigt die Bauform eines viergeschossigen Turmes mit angebautem Wohnhaus und Wirtschaftsgebäude. Im Obergeschoss des Turms war das Observationszimmer für die Bedienung der Signalanlage eingerichtet. Darüber befand sich eine mit einem Geländer geschützte Plattform, darauf der Signalmast. Die Linie war bis 1849 in Betrieb, dann wurde sie von der elektrischen Telegraphie per Draht abgelöst. Die Gebäude wurden meistbietend verkauft – nicht so die

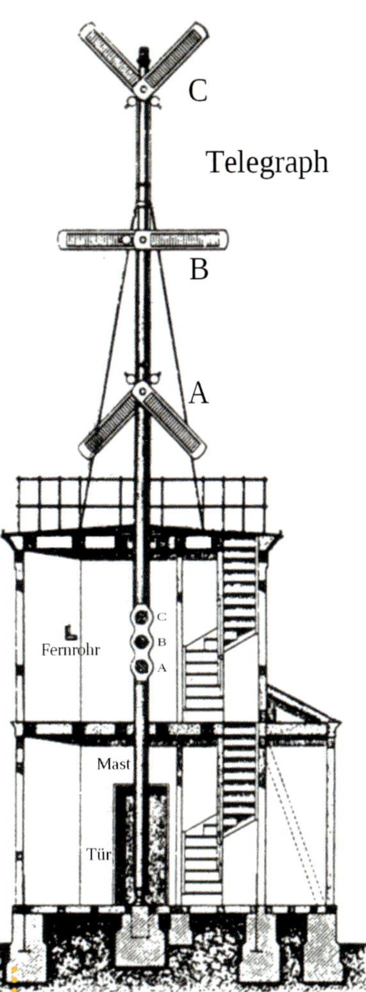

Eine zeitgenössische Illustration erläutert die Funktionsweise des Optischen Telegraphen. Die Flügelstellungen wurden an den Reglern C, B und A im Turmzimmer eingestellt.

Turm und Wohnhaus des Telegraphen Nr. 54 in Söven. Die Signaleinrichtungen auf dem Turm sind nicht erhalten.

wertvollen Fernrohre und Instrumente. Das Dorf Söven brachte in dem Gebäude bis 1923 seine Schule unter. Seit 1973 ist der Bau in Privatbesitz.

Die sechs Flügel am Signalmast ließen sich durch Seilzüge bewegen. Jeder Flügel konnte vier Stellungen mit den Winkeln 0°, 45°, 90° und 135° einnehmen, das ergab eine Menge von 4.096 möglichen Zeichen. Es wurden nicht einfach Buchstaben übermittelt, sondern codierte Kombinationen von Ziffern und Buchstaben. Botschaften mussten also erst verschlüsselt werden, der Empfänger konnte sie mit einem entsprechenden Codebuch wieder entschlüsseln.

Der Telegraph diente nur staatlichen und militärischen Zwecken und wurde von jeweils zwei Soldaten betrieben: Der Obertelegraphist las die Codes am Fernrohr ab, der Untertelegraphist stellte nach Diktat die Flügel ein. Depeschen konnten nur in Berlin und Koblenz codiert und entziffert werden; die Telegraphen auf der Strecke leiteten Botschaften nur weiter. Erst 1836 wurde ein drittes Chiffrierbüro in Köln eingerichtet.

15 Mittelalterliche Festung an der Sieg
Stadt Blankenberg

Früher wie auch heute eher ein „Städtchen“ – der stolze Namenszusatz „Stadt“ datiert aus dem Jahr 1954: eine höfliche Reverenz an die Geschichte des Ortes, die sich heute noch am mittelalterlich erscheinenden Stadtbild ablesen lässt. Seit 1934 ist Blankenberg ein Stadtteil des benachbarten Hennef.

Vom Siegtal aus fährt man auf der steilen Serpentinenstraße hoch. Zur Linken die Burg, die den Fluss auf hohem Felsen überragt, zur Rechten die Stadt, die sich hinter dem starken Grabenturm und dicken Mauern versteckt.

In Blankenberg hat sich das Bild einer mittelalterlichen Burgsiedlung nahezu vollständig erhalten. Die Burg wurde von den Grafen von Sayn nach 1150 errichtet. Die namengebende Stammburg des Geschlechts steht bei Bendorf am Rheinufer. Von hier aus hatten sich die Grafen ein ausgedehntes Herrschaftsgebiet im Westerwald geschaffen; die Burg Blankenberg sollte es nach Norden hin gegen das Erzstift Köln absichern. Nach wiederholten Erbteilungen zerfiel die Grafschaft seit dem hohen Mittelalter und wurde unter verschiedenen benachbarten Territorien aufgeteilt; Blankenberg selbst ging im 14. Jahrhundert an die Grafschaft Berg.

Die mächtige Burg bestand aus einer Hauptburg und einer durch einen Graben abgesetzten Vorburg mit einem eigenen Rundturm. Von der Anlage blieb nach den Zerstörungen des Dreißigjährigen Krieges nicht viel mehr übrig als Reste der Umfassungsmauer und zwei massige Rundtürme. Von hier aus hat man einen schönen Blick auf das untere Siegtal. Gegenüber auf der Höhe liegt der Wallfahrtsort Bödingen mit seiner gotischen Kirche, in der Ferne ist die Abtei Michelsberg über Siegburg zu erkennen, unten im Tal liegt Schloss Allner.

Neben der Burg entstand die Siedlung Blankenberg, die 1245 Stadtrechte erhielt. Zu Füßen der Burg lag die kleine Altstadt, die allerdings später aufgelassen und in Wiesenland verwandelt wurde. Von ihr sind noch die südliche Wehrmauer und der Grabenturm zu sehen. Auf der Berghöhe daneben erstreckte sich die Neustadt, der heutige Ort, der ebenfalls mit einer Mauer umgeben ist; auf der Südseite ist die doppelte Wehranlage noch gut erhalten. Mit seinem geschlossenen Straßenbild aus Fachwerkhäusern weitgehend des 17. bis 19. Jahrhunderts zieht Blankenberg zahlreiche Touristen an.

Die Häuser, die nicht in geschlossener Straßenfront angeordnet sind, sondern dazwischen immer Durchlässe in die Hofflächen frei lassen, verweisen darauf, dass früher in der Stadt vorwiegend „Ackerbürger“ lebten, die hier ihre Höfe hatten und vornehmlich von der Feldwirtschaft und auch – was heute erstaunen mag – vom Weinbau lebten; unterhalb der südlichen Stadtmauer sind heute noch private Weingärten zu finden, hier wurde eine Weinpresse aus dem 17. Jahrhundert aufgestellt. Es wird uns berichtet, dass

Stadt Blankenberg von Süden mit der gut erhaltenen doppelten Stadtmauer; hinter dem Ort thronen hoch über der Sieg die Reste der Burganlage.

Blankenberger Wein bis an den Hof nach Düsseldorf geliefert wurde.

Ein Heimatmuseum im Katharinenturm veranschaulicht durch ein Stadtmodell die Ausdehnung und Bebauung der Stadt in früheren Zeiten. Die Pfarrkirche Sankt Katharina geht auf die Kirche eines früheren Zisterzienserinnen-Klosters zurück; ein Brand 1983 vernichtete die alte Substanz.

Blankenberg hatte nie viel Einwohner, im 17. Jahrhundert waren es wohl um die 200, heute sind es rund 600. Die günstige strategische Lage der Burg im Mittelalter ging verloren. Die Stadt lag schwer zugänglich auf dem Bergrücken; die wichtige Handelsstraße von Köln nach Frankfurt stieg bei Hennef – etwa 5 Kilometer entfernt – auf die Westerwaldhöhen Richtung Uckerath; der wirtschaftliche Schwerpunkt verlagerte sich dorthin.

Blankenberg blieb Sitz eines Amtes im Herzogtum Berg, erst in napoleonischer Zeit verlor es seine Selbstverwaltungsrechte. Die Bahnlinie durch das Siegtal brachte nach 1859 vor allem einen Aufschwung für den Fremdenverkehr, der die pittoreske Lage des Ortes entdeckte. 1934 wurde Blankenberg in die neue Stadt Hennef eingegliedert, in der bald 100 Dörfer der Umgebung aufgingen. 1954 erhielt Blankenberg wenigstens wieder den Zusatz „Stadt" im Ortsnamen, um an die große Vergangenheit zu erinnern.

16 Kunst in der Zigarrenfabrik
Der Skulpturengarten Vetere

Muss der Autor eines historischen Führers das Monitum „Thema verfehlt" – Todsünde seinerzeit beim Schulaufsatz – befürchten, wenn er den Leser in eine Galerie moderner Kunst schickt? Wohl nicht, wenn der Lebensweg des Künstlers ein Beispiel abgibt für das zeitgeschichtliche Thema „Gastarbeiter in der Bundesrepublik".

Eitorf zieht mit einem Skulpturengarten und der Galerie „Incontro" Kunstliebhaber an. Der Maler und Bildhauer Giovanni Vetere hat hier mit seiner Familie in einer alten Zigarrenfabrik ein Zentrum für Malerei, Plastik und Mode geschaffen. Der Künstler wirkt in seinem Atelier, die Tochter führt die Galerie und Mama die Boutique. Ein großer Park lädt ein zum Spaziergang und zur Auseinandersetzung mit plastischen Werken. Der Künstler selbst lässt es sich nicht nehmen, Besucher – seien es Kunstexperten oder neugierige Touristen – durch Atelier und Garten zu führen. Er spricht dabei nicht über Kunstwerke, sondern bringt sie zum Sprechen.

Giovanni Vetere stammt aus einer großen Familie in einem kleinen Bauerndorf in Kalabrien auf der Spitze des italienischen Stiefels. Mit 17 Jahren zieht er nach Norditalien und schlägt sich mit Hilfsarbeiten in Turin und Mailand durch. 1961 schließlich geht er als „Gastarbeiter" in die Bundesrepublik Deutschland.

Die Bundesrepublik und Italien hatten 1955 ein „Anwerbeabkommen" geschlossen: Deutschland suchte Arbeitskräfte für die Industrie, Italien Entlastung für die Arbeitslosigkeit vor allem im „Mezzogiorno". In den folgenden Jahren bis 1973 zogen rund 4 Millionen Italiener nach Norden. Sie hatten in der Regel Zeitarbeitsverträge – aber etwa 10 Prozent der Zuwanderer blieben und fanden in Deutschland eine neue Heimat.

Giovanni Vetere arbeitet zunächst in einer Farbenfabrik bei Bonn. Die ersten Jahre sind sehr schwer: Gemeinschaftsunterkunft, keine Sprachkenntnisse, kaum Kontakte. 1968 verheiratet er sich mit Brigitte und zieht nach Troisdorf, wo er in einer Chemiefabrik Arbeit findet. Im örtlichen „Ausländerparlament" engagiert er sich nunmehr für die Belange seiner Landsleute in Deutschland.

Seit der Geburt seiner Tochter 1971 beschäftigt er sich in seiner Freizeit mit Kunst, malt als Autodidakt, versucht sich an Skulpturen. 1975 eröffnet er mit seiner Frau eine eigene Galerie in Troisdorf und wird durch verschiedene Ausstellungen bekannt. Er feiert Erfolge auf der Kunstmesse in Basel und in Köln. Seit 1985 arbeitet Vetere als freischaffender Künstler. 1989 kann die Familie Vetere in Eitorf eine stillgelegte Zigarrenfabrik, ein Industriedenkmal von 1889 nebst der Villa des Fabrikanten Keysers, erwerben und sich dort einrichten.

Giovanni Vetere ist geprägt von seiner Kindheit in Süditalien, eingebunden in Großfamilie, Dorf und Landschaft.

Giovanni Vetere erläutert eine seiner Skulpturen, eine Basaltsäule mit den archaisch wirkenden Figuren.

Daraus hat er einen eigenen unverkennbaren Stil entwickelt. In leuchtenden Farben schafft er eine Fülle von stilisierten Figuren mit runden Gesichtern, die durch nichts als kleine rundliche Augen und einen kreisförmigen Mund charakterisiert sind. Immer wieder taucht die Mutter-Kind-Beziehung in seinen frohfarbigen Gemälden auf; seine Plastiken wirken durch Reduzierung auf einfachste Formen. Veteres Werke sind an vielen Orten des Siegtals zu finden; vor dem Rathaus Troisdorf symbolisieren 12 Metallstelen die Ortsteile der Stadt.

Im Dezember 2020 konnte der Künstler seinen 80. Geburtstag feiern – standesgemäß mit einer Retrospektive in der Galerie seiner Tochter.

17 Das Hühnerwunder
Sankt Peter in Herchen

Herchen ist ein idyllischer Ort im attraktivsten Teil des Siegtales. Die romanische Pfarrkirche Sankt Peter überragt das Dorf. In ihrem südlichen Seitenschiff entdeckte man 1902 bei Bauarbeiten Fresken aus dem späten Mittelalter: Sie schildern, wie der heilige Jakob Pilger durch Wunder vor Unheil bewahrte.

Die Kirche Sankt Peter zeigt die stille Würde der frühen Dorfkirchen der Romanik. Sie bewahrt neben den Fresken einen gotischen Taufstein und ein bemerkenswertes Kruzifix im Triumphbogen vor dem hochgotischen Chor mit schönen Rankenbemalungen. Der Ort Herchen wurde in der Reformationszeit evangelisch. Lange Zeit diente die Kirche nunmehr simultan beiden Konfessionen, bis die evangelische Gemeinde am Ende des 19. Jahrhunderts eine eigene Kirche baute.

Die Wallfahrt nach Santiago di Compostela zog im Mittelalter viele Pilger an, die aus allen Teilen des Reichs Richtung Spanien zogen. Einer der großen Pilgerwege, die „Brüderstraße", führte von Marburg, von der Kirche der heiligen Elisabeth, über Siegen und die Höhen des Bergischen Landes nach Köln. Irgendwie fand eine unter den Pilgern sehr populäre Legende den Weg nach Herchen hinab in das Siegtal; dort hat sie ein Künstler als Bildergeschichte an die Wand des Kirchenschiffes gemalt. Eine gründliche Renovierung brachte sie um 1960 wieder zum Leuchten.

Ein Pilgerpaar zog mit seinem Sohn Richtung Santiago. In einer Herberge übernachtete die Gruppe. Die Tochter des Wirtes wollte den Jüngling verführen – doch der blieb standhaft. Bei der Abreise schmuggelten die Tochter und ihr Vater einen Silberbecher in den Mantel des jungen Mannes. Der wurde des Diebstahls angeklagt und zum Tod am Galgen verurteilt. Verzweifelt beteten die Eltern am Grab des heiligen Jakobus. Als sie bei der Heimreise nach 36 Tagen wieder an den Ort des untergeschobenen Verbrechens kamen, fanden sie ihren Sohn am Galgen wunderbarerweise noch lebend vor. Als man dem Richter die Geschichte vortrug, lachte der nur: Der Verurteilte sei so tot wie die gesottenen Hühner in seinem Topf – da flatterten die Hühner auf und davon. Nunmehr büßten der untreue Wirt und seine Tochter mit dem Leben.

Diese Legende wird in Handschriften seit dem 12. Jahrhundert in verschiedenen Versionen erzählt. Vor allem in der Schweiz, in Südtirol und in Süddeutschland finden sich entlang der Jakobswege Darstellungen der Geschichte in Wandgemälden und Altarbildern.

Die Wallfahrten ebbten im Zeitalter der Reformation ab. Die Rekatholisierung in der Barockzeit ließ sie wieder in Mode kommen; die Pilger bevorzugten da meist näher gelegene Ziele. Erst in der Gegenwart erlebt die Wallfahrt auf dem spanischen Jakobsweg eine wahre Renaissance.

Der Wirt steckt dem Sohn des Pilgerpaares heimlich einen silbernen Becher zu.

Der Sohn der Pilgerfamilie wird als Dieb zum Tod am Galgen verurteilt.

Die Eltern beten in Santiago di Compostela zu Sankt Jakob.

Auf dem Heimweg finden sie ihren Sohn immer noch lebend; der Heilige stützte ihn.

Als die Hühner aus dem Kochtopf fliegen, ergreift man den Wirt.

Wirt und Tochter enden als überführte Übeltäter am Galgen.

18 „Ein unbequemes Denkmal" Thingstätte Herchen

Wenn man von Herchen aus den schwarz markierten „Kölner Weg" hinaufsteigt zur Aussicht auf die Herchener Höhe, kommt man nach ein paar hundert Metern im Wald an einem kreisrunden Gebäude aus Bruchsteinen vorbei; dahinter steigen – von Gebüsch ziemlich überwuchert – gepflasterte Terrassen den Abhang hoch. Wir stehen vor einem Denkmal – nicht im Sinne eines „Highlights" zur Erbauung, sondern als einem Ort, der Anlass zum Nachdenken gibt. Der Platz stößt uns unvermittelt auf ein dunkles Kapitel unserer Geschichte.

Eine unscheinbare Rotunde aus Grauwacke „unbequem"? Die Anlage wurde 1934 errichtet als Denkmal für die Gefallenen des Ersten Weltkrieges. Die heute entfernten Gedenktafeln waren überschrieben mit dem Leitsatz: „Geboren als Deutscher, gelebt als Kämpfer, gefallen als Held, auferstanden als Volk". Die Fläche vor dem Monument mit den Terrassen am Berghang war konzipiert als Aufführungsstätte für germanische „Thingspiele" und Versammlungen der Nationalsozialisten. Jetzt wird die Bewertung verständlich.

Ein „Thing" oder „Ding", das war ursprünglich die Volks- oder Gerichtsversammlung der freien Germanen; sie fand immer unter freiem Himmel statt, oft im Schatten eines alten Baumes. Gelegentlich war damit auch die Aufführung von Weihespielen verbunden. Im nationalen Denken des frühen 20. Jahrhunderts lebte die Vorstellung von einem „ursprünglichen" Germanentum wieder auf.

Am Ende der Weimarer Republik gründeten vier Theaterleute den „Reichsbund für deutsche Freilicht- und

So sah der Thingplatz nach der Erbauung aus. Foto von 1934 am früheren Kriegerehrenmal.

Das einstige Kriegerdenkmal in Herchen mit der Bühne des „Thingplatzes".

Volksschauspiele". Sie hatten vor, den Gemeinschaftsgeist durch Theatererlebnisse zu stärken. Als Aufführungsorte dienten Freilufttheater; die frische Atmosphäre, der Wald, die Einbettung in die Landschaft sollten das Erlebnis abheben von der traditionellen städtischen, bürgerlich geprägten Theaterkultur.

Nach der „Machtübernahme" 1933 machten sich die Nationalsozialisten diese Ideen zu eigen. Sie gründeten die „Thingbewegung", die auf höchster politischer Ebene einflussreiche Förderer fand.

Eine der ersten Thingstätten war das in einem alten Steinbruch eingerichtete „Kalkbergstadion" im schleswig-holsteinischen Bad Segeberg, das 1937 von Goebbels als „Nordmark-Feierstätte" eröffnet wurde. Seit 1952 finden darin die populären Karl-May-Festspiele statt.

Die populäre „Waldbühne" nahe dem Berliner Olympiastadion wurde 1936 eröffnet: Dort fanden zunächst Turnwettkämpfe statt, später dann Opernaufführungen und völkische Thingspiele. Im Rheinland ist vor allem die Freilichtbühne auf dem Loreley-Felsen bekannt; sie wurde 1932 vom Turner-Arbeitsdienst für einen „Rhein-Main-Spielring" begonnen; die Nationalsozialisten stellten sie als Thingstätte fertig.

In diese Tradition ist das Monument in Herchen eingegliedert. Im Ort sind die Meinungen über sein weiteres Schicksal geteilt: Gras bzw. Wald drüber wachsen lassen oder als Denkmal für die unselige Zeit der nationalsozialistischen Herrschaft – zusammen mit der Gedenkstätte für die Landjuden (→ HL 21) – erhalten?

19 Wie die Leute früher lebten
Museumsdorf Windeck

Wie lebten die Menschen früher an der Sieg? Da gab es in Windeck den Dentisten Emil Hundhausen, der sein Haus mit Antiquitäten vollstopfte, die er in der ganzen Umgebung auf Speichern fand. Zusammen mit dem Heimatbegeisterten Bruno Althoff etablierte er 1964 in einer umgebauten alten Fachwerkscheune ein Heimatmuseum – die Keimzelle des heutigen Museumsdorfes im Ort Alt-Windeck.

So entstand aus einer Privatsammlung eine Anlaufstelle für 20.000 Besucher im Jahr: das Museumsdorf Windeck. Seine aktuelle Unterkunft fand es in der alten Schule. Mit Unterstützung der Gemeinde und der ehrenamtlichen Mitarbeit vieler Dorfbewohner wuchs das Museum um zwei Scheunen, eine Mehlmühle mit ihrem Wasserrad und eine von Pferden angetriebene Göpelmühle – ein lebendiges Bild des ländlichen Lebens im Siegtal und im benachbarten Bergischen Land.

Ein Förderverein steuert zu den laufenden Kosten bei. Nach wie vor leisten Ehrenamtliche die erforderlichen handwerklichen Arbeiten und sichern die Öffnung des Museums an Wochenenden für das zahlreiche Publikum.

Das alte Schulhaus von Windeck präsentiert auf zwei Etagen den Hauptteil der volkskundlichen Sammlung. In den armen Gegenden herrschte die bäuerliche Selbstversorgung vor: das Butterfass, der Sauerkrauttopf, die Kaffeemühle mit der Kurbel. Anziehungspunkt insbesondere für die Jüngeren: Ein alter „Tante-Emma-Dorfladen“ im Museum lässt erleben, wie sich Nahversorgung im Dorf früher anfühlte – ein durchaus moderner Gedanke.

Buntes Leben kommt in das Museumsdorf, wenn der rührige Heimatverein zu Aktionstagen einlädt: Im „Backes“ wird Brot gebacken, die Mühlen sind in Aktion, Gartenfreunde erläutern den naturnahen Garten. Beim jährlichen „Burg- und Handwerker-Markt“ am 3. Oktober zeigen Handwerker ihre Kunst.

Das Amt Windeck war seit dem hohen Mittelalter Herrschaftsmittelpunkt der Gegend. Die Burganlage aus dem 11. Jahrhundert gehörte ursprünglich dem Landgrafen von Thüringen und fiel im 13. Jahrhundert an die Grafen von Berg. Die Burg wurde im Dreißigjährigen Krieg von den Schweden zerstört; das politische und wirtschaftliche Leben verlagerte sich dann in die umliegenden Gemeinden des Siegtals. Vom Burgort Windeck verblieb ein vielfach medaillengekrönter Weiler, der sich viele seiner alten Fachwerkhäuser bewahren konnte.

Der Bau der Sieg-Eisenbahn 1858 schloss das Gebiet an die Wirtschaftsräume im Rheintal und um Siegen an. Er bedeutete einen Aufschwung für die Eisenerzeugung (→ HL 20) und den Tourismus. Relikt des Bahnbaus ist der Sieg-Wasserfall: Man schnitt die Windecker Fluss-Schleife einfach ab und leitete die Sieg über die felsige Engstelle. Ein kleines Elektrizitätswerk versorgte neue Industriebetriebe mit Strom.

Die obere Wassermühle in Alt-Windeck wird auch von den Mitgliedern des Heimatmuseums restauriert.

20 „Glück auf“ Besucherbergwerk Silberhardt

Eisen im Siegerland, Kohle an der Ruhr – das gehörte zu den Bedingungen für den Aufstieg Deutschlands zur Industrienation im 19. Jahrhundert, und das hatte noch im 20. Jahrhundert Geltung. Der östliche Rhein-Sieg-Kreis liegt am Rande der Erzlagerstätten im Rheinischen Schiefergebirge, die sich von Siegen bis zum Siebengebirge und in die Gegend von Neuwied am Rhein erstreckten.

Die Kelten bauten hier Erze ab, und es gibt archäologische Anzeichen dafür, dass auch die Römer nicht nur in der Eifel, sondern auch rechts des Rheins nach Metallen schürften, so nach Silber am Lüderich zwischen Overath und Rösrath und nach Kupfer in Rheinbreitbach. Im heutigen Rhein-Sieg-Kreis gab es vom hohen Mittelalter bis zur Neuzeit eine Fülle von kleinen Bergwerken; Erzgänge fanden sich häufig, meist brachten sie jedoch nur wenig Ertrag. Einen neuen Aufschwung im Bergbau brachten die technischen Neuerungen im späten 18. und im 19. Jahrhundert. Durch den Einsatz von Maschinen wurde es nun möglich, tiefer in die Erde vorzudringen und die Wasserhaltung zu beherrschen.

Schwerpunkte bildeten sich im Siebengebirge, um Ruppichteroth (→ HL 24), im Pleistal (→ HL 36) und an der Sieg um Eitorf und am bedeutendsten um Windeck und Rosbach. Das Windecker Wappen zeigt heute unter dem schreitenden Bergischen Löwen einen Ritter mit Streitaxt – diese Figur stellte ursprünglich einen Bergmann mit einer Keilhaue dar. In der Umgebung gab es bis zum Ende des 19. Jahrhunderts neun Bergwerke, in denen meist nur um die fünf Hauer tätig waren und Kupfer, Blei, Zink, Silber und Eisen abbauten. Die größte Grube „Silberhardt“ lag oberhalb von Rosbach bei Öttershagen; hier waren bis zu 40 Knappen tätig. Der Name deutet es an: Die Bergleute fanden hier im Mittelalter in geringer Tiefe silberhaltige Erze. Später wurden bis zu 25 Meter tiefe Schächte gegraben; eindringendes Wasser leitete man durch Stollen nach außen ab. Die Bergbautätigkeit endete in den Wirren des Dreißigjährigen Krieges.

1752 wurde die Grube wieder eröffnet. Durch den Einsatz von Knappen aus dem Harz gelang es, weiter Erz zu fördern – doch es fehlte bald an Kapital, um rentabler arbeiten zu können. Das brachte 1808 ein neuer Besitzer, Johann Caspar Rumpe, Fabrikant aus Altena, ein: Mit Hilfe einer neuen „Wasserkunst“, einer mechanischen Pumpanlage, und mit einem neuen Stollen konnten Erze wirtschaftlich aufbereitet und verhüttet werden. Doch nach seinem Tod ging der Betrieb 1836 wieder ein.

1853 ging man daran, ohne großen Kapitaleinsatz die alten Halden aufzuarbeiten; ein neues Verfahren machte es möglich, aus der vorher nicht verwertbaren Zinkblende Zinkmetall zu gewinnen.

Nach der Jahrhundertmitte brachte die neu eröffnete Bahnlinie durch das Siegtal den industriellen Aufschwung auch in

Blick in den neu ausgebauten Besucherstollen mit der Schienenbahn zum Abtransport der Erze.

das bis dahin recht abgelegene Windecker Ländchen. 1863 erwarb eine holländische Aktiengesellschaft die Bergbaurechte an der Silberhardt. Mit Dampfmaschinen wurde es nun möglich, tiefere Schächte aufzufahren und sicher zu entwässern. In mehreren Schichten arbeiteten nun bis zu 300 Kumpel in den Anlagen. Die Grube Silberhardt war einer der größten Arbeitgeber der Region.

In der Wirtschaftskrise nach dem Ersten Weltkrieg war die Grube schnell wieder am Ende; die Maschinen wurden verkauft, der Betrieb wurde 1925 endgültig eingestellt.

1997 schlossen sich Windecker Bürger in einer Initiative zusammen, um ein Stück der örtlichen Kultur zu erhalten und wiederzubeleben. Unter hohem Einsatz privater Mittel, ungezählten Stunden ehrenamtlicher Arbeit und mit der Unterstützung durch Fachleute machte sich der Förderverein daran, die Reste der Grubenanlage Silberhardt zu sichern, die Stollen ein Stück weit wieder zu öffnen und ein Besucherbergwerk einzurichten. Und es gelang, die Gemeinde für eine Unterstützung zu gewinnen und öffentliche Fördermittel des Landes und verschiedener Stiftungen einzuwerben.

Heute bietet sich die Anlage mit einem hochmodernen Besucherzentrum und einem angeschlossenen Bergbaumuseum als willkommener touristischer Anlaufpunkt an. Führungen lassen die schwere Arbeit in den wiederhergestellten Stollen nacherleben. Ein 1,7 Kilometer langer Bergbau-Wanderweg führt um die Anlage zu rekonstruierten Resten der Bergbautätigkeit verschiedener Jahrhunderte.

21 Ein Museum erfindet sich neu
Landjuden an der Sieg

In Windeck, im Ortsteil Rosbach, ist ein besonderes kleines Museum zu finden, unscheinbar gelegen in einem bescheidenen Fachwerkhaus. Die Gedenkstätte „Landjuden an der Sieg" ruft das Schicksal der kleinen jüdischen Gemeinden in Erinnerung, deren Mitglieder bis zu den Verfolgungen im Nationalsozialismus vielerorts in den Dörfern und Städtchen des Bergischen Landes lebten.

Im Jahr 1919 erwarb Moses Seligmann das Häuschen in Rosbach; in dem Ort lebten damals etwa 50 Personen jüdischen Glaubens in 18 Haushalten. Die Gemeinde hatte sich 1879 ein eigenes schlichtes Bethaus geschaffen, unweit der Gedenkstätte. Die jüdischen Familien arbeiteten vornehmlich als Viehhändler, Metzger und Gebrauchtwarenhändler. Der Sohn Max Seligmann verdingte sich auch als Altwarenhändler und führte beim Haus eine kleine Werkstatt.

1933 kamen die Nationalsozialisten in Deutschland an die Macht. Zunehmend wurden nun jüdische Bürger ausgegrenzt und um ihre Lebensgrundlagen gebracht. Am 10. November 1938 brannte auch die Synagoge in Rosbach. Jüdische Mitbürger wurden zur Zwangsarbeit in der Kriegswirtschaft gezwungen, seit 1941 deportierte man sie in Internierungslager. Für den Siegkreis war das Barackenlager in Much zuständig. 1942 wurde die Familien dann erst nach Köln und von dort in die Vernichtungslager im Osten gebracht.

Alfred, dem Sohn Max Seligmanns, gelang es, 1938 mit seiner jungen Frau Hilde nach Argentinien auszuwandern – am 28. Oktober bestieg er das Schiff in Hamburg, wenige Tage vor der „Reichspogromnacht". Unter schwierigen Verhältnissen verdingte sich die Familie in Südamerika zu landwirtschaftlichen Arbeiten.

Max Seligmann und seine Frau Maria hatten Verfolgungen und den Holocaust überlebt und konnten in ihr Haus zurückkehren; 12 Mitglieder der Familie sind in den Vernichtungslagern umgekommen. Seligmanns Sohn Alfred kehrte 1957 aus Argentinien nach Deutschland heim. Veranlasst durch eine Ausstellung in Siegburg stellte Hilde Seligmann 1988 dem Landkreis das Haus der verstorbenen Schwiegereltern für ein Museum zur Verfügung und stiftete zahlreiche Gegenstände und Fotos aus Familienbesitz. 1994 konnte die Gedenkstätte „Landjuden an der Sieg" eröffnet werden.

Die Konzeption des Museums richtete sich vornehmlich nach der erfolgreichen Siegburger Ausstellung. Als erste ihrer Art zeichnete die Gedenkstätte in Rosbach am Beispiel der Geschichte der Familie Seligmann das Schicksal der Landjuden im Siegkreis nach und setzte es in den Zusammenhang der deutschen Geschichte. Die Erinnerungsstücke der Familie dienten in Vitrinen zur Veranschaulichung der erklärenden Texte.

Eine dringend nötige Renovierung des Fachwerkhauses aus dem 18. Jahrhundert

Das Wohnhaus der Familie Seligmann in Windeck-Rosbach.

gab 2017 den Anstoß, der Ausstellung eine zeitgemäßere Aussage zu verleihen. Nach dem Abschluss der Sanierungsarbeiten am Gebäude begann man 2019 mit der Neueinrichtung. Im Zentrum der Präsentation werden nunmehr die Personen der Familie stehen, ihr Leben im Haus mit den überlieferten Erinnerungsstücken, im Ort Rosbach und in der jüdischen Gemeinde des Kreises. Diesem Zweck sind die Räume im Erdgeschoss gewidmet.

Das Obergeschoss setzt das Schicksal der Familienangehörigen in den Zusammenhang der deutschen Geschichte zur Zeit des Nationalsozialismus und danach. Die „Textlastigkeit" der früheren Ausstellung wird ersetzt durch moderne audiovisuelle Medien, die sich an unterschiedliche Verständnishorizonte der Besuchergruppen, von Schulklassen bis zum Erwachsenen, richten. Nach wie vor dient ein reichhaltiges Veranstaltungsprogramm im angeschlossenen Vortragsraum dem Ziel, ein Bewusstsein zu vermitteln, dass eine fern erscheinende Geschichte uns persönlich angeht und uns zur Stellungnahme auffordert.

22 Als die Straße über den Berg ging
Der Nutscheid

Eine Hauptverkehrsstraße, die ganz oben am Grat eines Höhenzuges verläuft? Heute sind wir es gewohnt, dass Verkehrswege ohne große Steigungen den Flusstälern folgen. Doch in Zeiten, wo Händler vorwiegend mit Saumtieren oder großrädrigen Karren durch die Lande zogen, kam es auf die Geschwindigkeit allein nicht so an.

Denn die Flusstäler waren früher recht sumpfig; dort drohten Hochwasser, bei denen man die Furten nicht mehr durchqueren konnte. Da bevorzugten es die Handelskarawanen, über die Bergrücken entlang der Wasserscheiden zu ziehen. Gerade im Rheinischen Schiefergebirge, dessen Höhenrücken vorwiegend in West-Ost-Richtung angeordnet sind, haben sich viele dieser Altstraßen erhalten. Oft heißen sie dann „Hohe Straße", „Stellweg", „Kohlstraße" oder auch „Eisenstraße" und verweisen so auf die Produkte, die aus den Wäldern herantransportiert wurden.

Eine solche alte Handelsstraße verläuft über 30 Kilometer Länge auf dem Höhenrücken Nutscheid nördlich der Sieg – die Gelehrten streiten sich, ob es „der", „die" oder „das" Nutscheid heißen muss – in den örtlichen Dialekten gibt es alle Formen. Die Straße überquert die Sieg östlich von Blankenberg, passiert Bödingen, führt immer auf der Höhe weiter bis Erdingen östlich von Waldbröl, um sich dann Richtung Siegen zu wenden.

Vermutlich geht der Weg auf einen alten Pfad zurück, auf dem schon die Kelten Eisen aus dem Siegerland Richtung Rhein transportierten. Seit dem hohen Mittelalter führen Chroniken und Karten den Weg als wichtige Handelsstraße auf.

Er gliedert sich ein in andere Handelswege, die von Köln Richtung Osten führten, etwa die „Brüderstraße" auf der

Strecke Deutz–Overath–Drabenderhöhe oder die „Zeithstraße“ von Siegburg über Seelscheid nach Olpe. Die „Heidenstraße“ führt von Deutz über Lindlar nach Meinerzhagen.

Dann nahm der Verkehr zu, die Wagen bekamen vier Räder und wurden schwerer. Im 18. Jahrhundert wurde die Straße über Seelscheid und Much zum Postweg ausgebaut und befestigt, die Nutscheidstraße verlor ihre Bedeutung. Im 19. Jahrhundert begann Preußen, die Verkehrswege im Tal durch Chausseen auszubauen. Vollends die Eisenbahn verlagerte dann die Verkehrsströme in die Täler von Sieg und Bröl (→ HL 24).

Heute ist die Nutscheidstraße ein unscheinbarer Forstweg; ihr folgt eine sportliche Radroute. Ihre einstige Bedeutung wird noch an Bodendenkmalen deutlich: Am Anfang der Strecke liegt die frühmittelalterliche Rennenburg; verlassene Hohlwege säumen den Verlauf, erhalten sind Spuren von Mautstationen und schließlich die Richtstätte des Amtes Windeck am „Galgenberg“, die zur Abschreckung neben dem Handelsweg lag.

Im Naturschutzgebiet beim „Hohen Wäldchen“ an der Nutscheidstraße halten Schafe und Ziegen die Vegetation im Niederwald zurück.

23 Wasser für Bonn und Umgebung
Die Wahnbachtalsperre

Da gibt es gleich hinter Siegburg einen wunderschönen See im Hügelland, aber nirgends an den Ufern sieht man im Sommer fröhlich planschende Badegäste, nirgendwo auf der Fläche tummeln sich Ruderboote oder fliegen die Segel kleiner Boote übers Wasser …

Die Erklärung ist ganz einfach: Der Stausee dient der Trinkwasserversorgung der Stadt Bonn und ihrer Randgemeinden. 1953 gründeten die Städte Bonn, Siegburg und die sie umgebenden Landkreise einen Verbund, der sich für die lebhaft wachsende Region um eine zukunftssichere Wasserversorgung kümmerte.

Dafür sollte eine Talsperre gebaut werden. Als geeigneter Platz dafür bot sich das Wahnbachtal an. Der Wahnbach ist etwa 20 Kilometer lang und durchquert mit seinen Zuflüssen, tief in das Mittelgebirge eingeschnitten, eine weitgehend unberührte Naturlandschaft. Die Dörfer liegen rundherum auf der Hochfläche mit ihrem Ackerland. Im Tal selbst gab es vorwiegend Wiesen, eine Mühle und ein paar Gehöfte; deren rund 20 Bewohner wurden entschädigt und in der Umgebung neu angesiedelt.

In der Notzeit nach dem Ersten Weltkrieg hatte das stille Tal schon einmal im Fokus der Verkehrsplaner gestanden: Geplant war zunächst eine Schmalspurbahn nach Much. Als Maßnahme gegen die Arbeitslosigkeit baute der Kreis schließlich zwischen 1924 und 1927 eine Kraftwagenstraße, die aber die in sie gesetzten Hoffnungen nicht erfüllte und bedeutungslos blieb. Hauptverkehrsweg war nach wie vor die uralte Zeithstaße etwas nördlich. (→ HL 22)

Von 1954 bis 1958 dauerten die Bauarbeiten am neuen Stausee. Steinbrüche an den Steilhängen lieferten die Grauwacke für den Damm. Er ist 55 Meter hoch, auf der Landseite begrünt und seeseitig mit einer Asphaltschicht abgedichtet. Er staut einen See von 6 Kilometern Länge und einer Breite von bis zu 360 Metern an.

Aus diesem Reservoir kann der größte Teil des Trinkwassers der Region bestritten werden. Zusätzlich dient der See dem Hochwassersschutz; für die Wassermengen in den Winter- und Frühlingsmonaten ist ausreichend Stauraum geschaffen.

Am Einlauf des Baches ist ein Vorbecken mit einer Filter- und Reinigungsanlage angelegt, das durch eine eigene Staumauer vom Hauptsee abgetrennt ist. Das Bachwasser enthält Nitrate und Phosphate, die vor allem durch die Landwirtschaft auf den Hochflächen in das Grundwasser eingebracht werden; diese Stoffe können zu einer Überdüngung des Stausees und zu verstärktem Algenwachstum führen. Der Wahnbachtalsperren-Verband versorgt heute neben den Städten Bonn und Siegburg große Teile des Rhein-Sieg-Kreises und des benachbarten Landkreises Ahrweiler mit Trinkwasser. Zusätzliche Brunnenanlagen wurden erschlossen im Siegbogen bei Hennef und in Sankt Augustin-Meindorf. Das Trinkwasser wird neben der Talsperre in

Der Stausee in den engen Windungen des Wahnbachtals.

der Anlage Siegelsknippen aufbereitet, gründlich untersucht und dann verteilt.

Nach der Inbetriebnahme der Wahnbachtalsperre wurde das alte Bonner Wasserwerk stillgelegt. Es lag in der Gronau, neben dem Bundestagsgebäude. Die leerstehende Maschinenhalle aus dem Jahr 1875 kam zu neuem Ruhm, als der Bundestag hier seine Sitzungen abhielt, während der neue Plenarsaal im Bau war. Im „Wasserwerk“ fielen die historischen Beschlüsse zur Wiedervereinigung und zur Verlegung der Hauptstadt nach Berlin.

Rund um den Stausee sind Wander- und Radwege angelegt, die den Ausflüglern immer wieder überraschende Ausblicke auf die fjordähnliche Landschaft gewähren. Baden, Zelten und Grillen sind wegen der strengen Wasserschutzbestimmungen nicht erlaubt, Angeln unter Auflagen. Im Stausee leben verschiedene Fischarten. Ein Berufsfischer achtet auf das biologische Gleichgewicht und reguliert den Bestand; als „Nebenprodukt“ der Überwachung des Seewassers versorgt er umliegende Restaurants mit Blaufelchen, einem begehrten Süßwasserfisch.

Hätten Sie's vermutet, dass am Fuß der Staumauer eine einzigartige Zuchtstation für Lachse zu finden ist? Neben der Aufbereitungsanlage werden in einer Forschungsstation jährlich 200.000 Lachse ausgebrütet und aufgezogen, um sie anschließend in renaturierten Fließgewässern, unter anderem in der Sieg, wieder anzusiedeln (→ HL 2).

24 Erz – Steine – Passagiere
Die Bröltalbahn

Der „Vulkan-Express" fährt das ganze Jahr über Ausflügler von Brohl am Rhein durch das Brohltal über 18 Kilometer auf die Höhen der Vulkaneifel – ein außergewöhnliches Erlebnis auf einer Schmalspurbahn in historischen Wagen. Davon können die Freunde der Bröltalbahn – die Namen nicht verwechseln! – nur träumen.

Das Tal der Bröl führt von der Mündung in die Sieg bei Hennef über mehr als 40 Kilometer in das südliche Bergische Land. Der Name des Flüsschens findet sich in unterschiedlichen Schreibungen im Rheinland häufig, er geht zurück auf ein mittelhochdeutsches Wort für „feuchtes Wiesengelände, Aue". So stellt sich die Landschaft heute weitgehend noch dar.

Bis ins 19. Jahrhundert war das Flusstal unwegsam. Wer etwa von Ruppichteroth Richtung Siegburg wollte, musste die Höhen hinaufsteigen zur unbefestigten Nutscheidstraße (→ HL 22). Nun gab es in und um Ruppichteroth einige Erzbergwerke und Kalkbrennereien. An der Mündung der Agger in die Sieg war nahe Troisdorf 1825 eine Eisenhütte zur Verarbeitung der Erze aus dem unteren Bergischen Land eröffnet worden (→ HL 36). Dieser Industriebetrieb brauchte gute Verkehrsverbindungen, um die Rohstoffe preisgünstig heranzuschaffen.

Projektiert war eine Eisenbahnlinie von Deutz Richtung Siegen. Eine Streckenführung durch das Bröltal scheiterte an den schwierigen Geländeverhältnissen. Gebaut wurde ab 1857 an der Bahnlinie durch das Siegtal. Entlang der Bröl baute die preußische Provinzialregierung eine Chaussee von Hennef bis Ruppichteroth, die den Verkehr mit Wagen und Fuhrwerken wesentlich erleichterte. Massengüter wie Erze oder der zur Verhüttung nötige Kalk waren allerdings auf Schienenwegen deutlich billiger zu befördern.

Der Direktor der Troisdorfer Schmelzhütte ergriff die Initiative zur Gründung einer Aktiengesellschaft für eine von Pferden gezogene Schienenbahn. Sie erhielt 1860 die Konzession für die Benutzung der Bröltalstraße, kaum dass sie fertiggestellt war. Die Schienen waren in die Straße eingelassen, wie bei unserer „Straßenbahn". Das brachte deutliche Vorteile: Ein Pferd konnte zwei Loren ziehen, es brauchte 4 Stunden von den Kalkbrüchen bis Hennef, zurück 5½. Das war aber noch nicht genug.

Eine Dampflokomotive schaffte das Vielfache bei weniger Einsatz an Personal. Ausnahmsweise wurden Lokomotiven ausprobiert, die aber den übrigen Verkehr von Pferdefuhrwerken nicht stören durften. Der „grässliche Lärm der Lokomotiven" schreckte die Bevölkerung in den Dörfern ab; trotzdem kam es zu keinen ernstlichen Unfällen. 1863 wurde der Betrieb mit Dampflokomotiven auf der Bröltalbahn genehmigt. Bald wurde die Strecke erweitert bis Waldbröl, und man begann, Personenwagen an die Güterzüge anzuhängen.

Eine alte Postkarte illustriert die Geschichte der Bröltalbahn: Dampflok, Dieseltriebwagen von 1935 und ein Büssing Bus TU 5000, Baujahr 1950/51.

Bedeutsamer als der Erzabbau in den unrentablen Gruben wurden nun der Personentransport und die Beförderung von Basalt von den Brüchen im nördlichen Westerwald. Die Bröltalbahn erweiterte ihr Streckennetz: 1893 wurde die Linie von Hennef bis Beuel eröffnet; dort wurde Basalt auf die Rheinschiffe verladen. Der alte Bahnhof nördlich der Rheinbrücke ist heute eine beliebte Gaststätte. 1892 wurde eine neue Strecke von Hennef nach Asbach im Westerwald eröffnet, bald weitere Stichbahnen zu den Steinbrüchen. Das Schienennetz der Bröltal-Schmalspurbahn umfasste 1902 insgesamt 87 Kilometer. Die neuen Strecken wurden nicht mehr auf dem Straßenkörper angelegt, sondern erhielten ein eigenes Gleisbett – das verhinderte Konflikte mit dem sonstigen Verkehr.

1921 erhielt die Bahngesellschaft den neuen Namen „Rhein-Sieg-Bahn" – ihr Streckennetz hatte sich weit über das Bröltal ausgedehnt, außerdem verwechselte man sie oft mit der Eifeler Brohltalbahn.

Seit 1925 setzte die Bahn verstärkt Omnibusse für den Personentransport ein, sie waren flexibler und kostengünstiger als Dieseltriebwagen. Der Gütertransport kam nach dem Krieg nahezu zum Erliegen. 1954 fuhr die letzte Bahn von Ruppichteroth nach Hennef, 1956 war auch in Asbach Schluss. Das Schienennetz wurde in den Folgejahren weitgehend abgebaut, die Fahrzeuge verkauft oder verschrottet. Die Reste der Rhein-Sieg-Eisenbahn, die nur mehr Buslinien betrieb, gingen in der 1973 gegründeten Verkehrsgesellschaft des Rhein-Sieg-Kreises auf.

An die Bröltalbahn erinnern heute noch restaurierte Lokomotiven als Ausstellungsstücke in Hangelar und Niederpleis. Eisenbahnfreunde betreiben ein Teilstück der Strecke von Beuel bis Pützchen mit historischen Schienenbussen. Ein Museum mit fahrbereiten Lokomotiven wurde im einstigen Lokschuppen an der früheren Endstation Asbach im benachbarten Westerwaldkreis eingerichtet.

25 Ein gastliches Haus mit Geschichte
Schloss Auel im Aggertal

Als letzter der rechten Zuflüsse aus dem südlichen Bergischen Land ergießt sich die Agger, die Grenze zwischen Troisdorf und Siegburg, in die Sieg. Das moderne Troisdorfer Freizeitbad und Saunazentrum erhielt den Namen „Aggua" – ein Sprachspiel, das an die gemeinsame indogermanische Wurzel für den keltischen Flussnamen „Agger" und das lateinische „Aqua" erinnert.

Die Agger ist knapp 70 Kilometer lang; sie entspringt im Ebbegebirge bei Meinerzhagen. Zum Rhein-Sieg-Kreis gehört gerade noch der Unterlauf südlich von Overath. Er wird im Wesentlichen von der Gemeinde Lohmar eingenommen. Die Stadt entstand bei der Gemeindereform des Jahres 1969. Da sie verkehrsgünstig im Einzugsbereich von Köln und Bonn liegt, wuchs ihre überdurchschnittlich junge Bevölkerung innerhalb weniger Jahre auf 30.000 Einwohner an.

Die Höhen links und rechts des breiten Aggertals locken mit einer hügeligen Landschaft und idyllischen Seitentälern zu ausgedehnten Spaziergängen. Früher gab es hier Bergwerke, die Kupfer, Zink, Blei und Silber förderten; das Bergische Land zählte zu den ertragreichsten Erzabbaustätten Deutschlands. Am Ende des 19. Jahrhunderts hatten die meisten den Betrieb eingestellt; von ihnen künden nur noch ein paar Halden und Gebäudereste im Gelände.

Der Erschließung des Flusstals diente die Aggertalbahn, die seit 1884 Siegburg mit Overath und Engelskirchen verband und schließlich bis Olpe verlängert wurde (→ HL 34). Die Linie war als Nebenbahn angelegt und sollte vornehmlich der ansässigen Industrie zugutekommen. 1910 wurde die direkte Verbindung von Overath nach Köln eröffnet. Ein Rückgang der Personen- und Gütertransporte führte in der Nachkriegszeit dazu, dass die Bahnstrecke schrittweise stillgelegt und abgebaut wurde. Die Trasse von Siegburg bis Overath dient heute im wesentlichen Radfahrern. Personenzüge verkehren heute noch von Köln bis Overath und Dieringhausen.

Der Stadtteil Wahlscheid im Norden Lohmars war bis 1969 eine amtsunabhängige Gemeinde und bewahrt bis heute ein gewisses Eigenleben. Am Aggerufer wurden hier früher flache Kähne hergestellt, die als Fährboote im Einsatz waren. Für den Transport zu den Kunden am Rhein musste man die Frühjahrshochwasser abwarten, da die Agger im Sommer für die bis zu 15 Meter langen Boote zu seicht war.

Zu den Sehenswürdigkeiten Lohmars zählt das Schloss Auel im Norden des Stadtgebiets. Das „Haus Auel" taucht seit dem 14. Jahrhundert in historischen Quellen auf. Der Name leitet sich vom altdeutschen Begriff „Au", „Aue" ab und bedeutet nichts anderes als „feuchte Wiese". Der Wortstamm findet sich in der Gegend häufig wieder; seit der karolingischen Zeit hieß der ganze

Schloss Auel, heute ein exklusives Hotel mit angeschlossenem Golfplatz.

Verwaltungsbezirk von der Sieg bis zur Lahn „Auelgau“; politisches Zentrum war die Burg auf dem Michelsberg in Siegburg (→ HL 26, 27).

1763 hat der damalige Besitzer den „Hof Auel“ zum heutigen Barockschloss mit drei Flügeln ausbauen lassen. Ein Schmuckstück ist die barocke Kapelle im Nordtrakt, in der sich heute gerne Brautpaare trauen lassen.

Später erwarb Freiherr Franz von Broe das Gebäude. Zwischen 1806 und 1813 gehörte Wahlscheid zum Großherzogtum Berg, die französische Verwaltung ernannte den Freiherrn zum „Maire“, zum Bürgermeister. 1818 verheiratete Freiherr von Broe seine Tochter mit einem Marquis de La Valette Saint George aus einer weit verzweigten Familie des französischen Uradels. Dessen Sohn, Freiherr Adolph von La Valette Saint George, war Professor in Bonn und Rektor der Universität. 1901 überreichte er Kronprinz Wilhelm in Anwesenheit Kaiser Wilhelms II. die Immatrikulationsurkunde. Der Kaiser befreite sich nach seinen Besuchen in Bonn zunehmend vom strengen Protokoll und unternahm als begeisterter Automobilist in kleiner Begleitung Rundfahrten durch die Eifel, an die Mosel und ins Bergische; dabei hat er auch in Auel seine Aufwartung gemacht.

Seit 1951 wird Schloss Auel, immer noch im Familienbesitz, als Hotel geführt. Die Suiten tragen die Namen von berühmten Familienmitgliedern, großen Persönlichkeiten und illustren Gästen; der moderne Hotelbesucher kann sich so, zwischen Golfplatz und Wellnessangeboten, im Glanz der Historie sonnen.

26 „Ein widersprüchlicher Heiliger“ Anno II. von Köln

Die Siegburger haben ihren eigenen Heiligen: Anno. Der stammte zwar aus Schwaben und war Erzbischof von Köln – ohne ihn wäre aber nicht viel geworden aus dem Flecken am Fuß des „Siegberges“. Und so pilgern sie heute noch zum Grab des schwierigen Heiligen in der Abteikirche.

Hanno oder Anno wurde um 1010 in einem kleinen Adelssitz auf der Höhe der Schwäbischen Alb geboren. Als einer der jüngeren Söhne hatte er die geistliche Laufbahn einzuschlagen. Ein Onkel vermittelte ihn zur Ausbildung an die Domschule in Bamberg, wo er im Verlauf einer brillanten Karriere zu deren Leiter aufstieg.

Bamberg, das war zu dieser Zeit ein politischer Schwerpunkt an der Ostgrenze des Reiches, die salischen Kaiser hielten hier Hof. Kaiser Heinrich III. ernannte Anno zu seinem Hofkaplan und machte ihn zum Vertrauten. 1056 übertrug er ihm das bedeutende Erzbistum Köln.

Kurz darauf starb der Kaiser. Sein Sohn erlangte im Alter von knapp 6 Jahren die Königswürde als Heinrich IV. Die Vormundschaft übte die Mutter, Agnes von Poitou, aus, eine fromme Dame, aber politisch ohne Geschick. So setzte man ihr bald hochrangige geistliche Berater zur Seite: Anno war der bedeutendste von ihnen.

Ohne große Skrupel entführte Anno im April 1062 den 12-jährigen König aus der Pfalz Kaiserswerth bei Düsseldorf. Er lud ihn zum Besuch seines Rheinschiffs ein – die Ruderer nahmen Kurs auf kölnisches Gebiet. Zudem fielen ihm noch die Reichsinsignien in die Hände. Dieser Staatsstreich beendete die Regentschaft der Kaiserin.

An der Spitze seiner erzbischöflichen Kollegen aus Mainz und Bremen regierte Anno in den folgenden Jahren praktisch das Deutsche Reich. Den Bischöfen gelang es, auf Kosten des schwachen Reiches ihre Bistümer zu vergrößern. 1065 wurde König Heinrich mündig; schnell drängte er den Einfluss seiner geistlichen Berater zurück.

Im Erzstift Köln gilt Anno II. als einer der bedeutendsten Bischöfe. Das Erzstift konkurrierte mit den Pfalzgrafen bei Rhein aus dem lothringischen Geschlecht der Ezzonen um die politische Vorherrschaft am Niederrhein – der Landstrich nannte sich damals Niederlothringen.

Die Pfalzgrafen übten auch die Grafenrechte im Auelgau rechts des Rheins aus, ihre Burg hatten sie auf dem Bergkegel nahe der Siegmündung. In einer Fehde besiegte Erzbischof Anno 1060 den Pfalzgrafen; der musste seine Burg und den zugehörigen Ort an das Erzstift abtreten. Erzbischof Anno ließ die Burg abbrechen und auf dem Berg 1064 eine Abtei errichten. Das gilt auch als die Geburtsstunde der Stadt Siegburg. Die Sankt Michael geweihte Abtei machte Anno zu einem Zentrum der Klosterreform.

Neben der Abtei Siegburg errichtete Anno noch weitere Klöster und Kirchen:

Der Annoschrein in der Siegburger Pfarrkirche St. Servatius enthält Reliquien Erzbischof Annos II. Die romanischen Goldschmiedearbeiten stammen aus der Werkstatt des Nikolaus von Verdun. Die prächtigen Emailbilder sind zum großen Teil verloren; die Detailaufnahme zeigt die Feinheit der Arbeit.

in Köln die Abteien St. Maria ad Gradus und St. Georg; der König übertrug ihm den Besitz der Klöster in Kornelimünster und Vilich.

Mit den Kölner Bürgern kam der ehrgeizige Politiker Anno II. nicht gut zurecht; die reichen Kaufleute strebten immer danach, die Machtfülle des bischöflichen Stadtherren zu beschränken. 1074 kam es zu einem regelrechten Aufstand. Anno hatte Besuch von seinem Bischofskollegen aus Münster; für die Heimfahrt beschlagnahmte er kurzerhand das Schiff eines Kölner Kaufmanns. Die Kölner griffen zu den Waffen, der Erzbischof verbarrikadierte sich im Dom. Durch eine winzige Pforte in der Stadtmauer konnte er entfliehen – in der Tiefgarage Dom ist sie bei den Ausgrabungen heute noch zu sehen als „Anno-Loch". Er kehrte mit einer starken Streitmacht zurück und hielt in Köln strenges Strafgericht: Die Aufrührer ließ er blenden, 600 Kaufleute flohen aus der Stadt.

Als Anno 1075 verstarb, ließ er sich bezeichnenderweise nicht in seiner Domkirche beerdigen, sondern in seiner Gründung Siegburg. Und es waren vor allem Siegburger Mönche, die sich um eine schnelle Heiligsprechung Annos bemühten – Lebensbeschreibungen hoben seine Verdienste für die Kirche, seine Wohltätigkeit und sein asketisches Wesen hervor. 1183 verkündeten päpstliche Legaten in der Abtei St. Michael feierlich die Heiligsprechung. Dort sind seit 2021 seine Reliquien wieder in einem modernen Schrein aufbewahrt.

27 Der Berg des heiligen Michael
Abtei Siegburg

Wer auf der Autobahn A 3 Richtung Köln fährt, sieht bei der Abfahrt in das Siegtal zu seiner Linken schon von weitem auf einem isoliert in der Ebene hochwachsenden Bergkegel ein ausgedehntes Bauwerk, über dem ein barocker Turm aufragt: die einstige Benediktinerabtei Siegburg, das Wahrzeichen der Kreisstadt.

Diese Anhöhe, der Basaltkegel eines längst erloschenen Vulkans, dominiert die Einmündung der Sieg in das breite Tal des Rheins. Sie bot sich geradezu an, eine Ritterburg zu tragen. Erzbischof Anno II. von Köln (→ HL 26) stach dieser strategisch bedeutsame Ort ins Auge, um die Machtstellung des Erzstifts rechts des Rheins zu festigen. Nach dem Sieg über den Rivalen Pfalzgraf Heinrich 1059 ließ er dessen Burg abbrechen und auf dem Berg 1064 eine Abtei errichten, die dem Erzengel Michael geweiht wurde. In dieses Kloster lud er Benediktinermönche aus dem Trierer Kloster St. Maximin ein.

Auf diplomatischen Missionen im Auftrag des Kaisers Heinrich III. lernte er in Italien die Reformbestrebungen kennen, die ausgehend von Cluny den Benediktinerorden im Sinne größerer Einfachheit und Religiosität erneuern wollten. Diese Reform führte er in der Abtei Siegburg und weiteren Klöstern des Erzbistums ein; als „Siegburger Reform" ist sie in die deutsche Kirchengeschichte eingegangen.

Die Abtei in Siegburg erlebte eine Blütezeit; im Kloster lebten bis zu 120 Mönche. Von hier aus wurden Zweigklöster im thüringischen Saalfeld und in Grafschaft im Sauerland gegründet; Siegburg zugeordnete Propsteien, so in Oberpleis und auf der Rheininsel Nonnenwerth, trugen zum Unterhalt der Ordensgemeinschaft bei. Nach der Heiligsprechung Erzbischof Annos 1183 zog die Abtei mit dem goldbeschlagenen Reliquienschrein zahlreiche Pilger an.

Im 14. Jahrhundert schwand die Bedeutung der Abtei. Sie wandelte sich zu einem adeligen Stift um, die einstigen mönchischen Ideale verblassten: Mönche durften eigenen Besitz haben und lebten oft außerhalb der Klausur. Die Kriege des 17. Jahrhunderts zogen Abtei und Stadt schwer in Mitleidenschaft, dann zerstörten Brände den größten Teil der Klostergebäude. Die Kirche wurde in einem romanisch-gotischen Übergangsstil wiedererrichtet und mit barocken Statuen ausgeschmückt; nun entstand auch das weiträumige Viereck der heutigen barocken Anlage.

In der Säkularisation 1803 wurden die letzten Mönche in Pension geschickt, das Kloster aufgehoben. In den leerstehenden Gebäuden richteten die neuen preußischen Herren 1825 die erste „Rheinische Irrenheilanstalt" ein. Sie machte mit fortschrittlichen Heilmethoden auf sich aufmerksam, wurde aber 1878 geschlossen, da die hygienischen Bedingungen in den alten Klostergebäuden nicht mehr tragbar waren. Nun wurde die alte Abtei zum Zuchthaus. Ein Anbau an der Südseite

Die Abtei Siegburg überragt die Giebel der Altstadt. Der vorgelagerte moderne Bau ist der Eingangsbereich des Katholisch-Sozialen Instituts, das seit 2017 neues Leben in die alte Abtei bringt.

1890 nahm 500 Gefangene auf. Die menschenunwürdigen Haftbedingungen stießen auf Kritik; die Stadt erreichte die Schließung der Haftanstalt, und schließlich wurde der Zellenblock 1929 abgebrochen.

1914 konnten nach langen Verhandlungen wieder Benediktiner aus einem holländischen Kloster in die Abtei einziehen. Die Klostergebäude dienten während des Krieges als Lazarett, anschließend als Unterkunft für Soldaten der französischen Besatzung.

Ein neuerliches Ende des klösterlichen Lebens brachte das „Dritte Reich"; die Gestapo vertrieb 1941 die Mönche. Die Gebäude wurden während des Krieges wieder zum Lazarett. Am 28. Dezember 1944 zerstörten Bomben die Altstadt von Siegburg und die Abtei.

Nach dem Krieg kehrten die Mönche in die Abtei zurück und machten sich mit Hilfe der Stadt, des Landes, der Kirche und eines Fördervereins an den Wiederaufbau. Die Gebäude befanden sich in den 70er-Jahren wieder in einem sehr guten Zustand, doch setzten wirtschaftliche Schwierigkeiten und Nachwuchsmangel der benediktinischen Gemeinschaft sehr zu. Die Abtei wurde 2011 nach 946 Jahren ihres Bestehens aufgelöst.

Das Erzbistum kümmerte sich um eine der historischen Bedeutung entsprechende Wiederverwendung des Klosters: Eine kleine Gemeinschaft von Unbeschuhten Karmelitern aus Indien betreut die Seelsorge, in die neugestalteten Räume der Abtei zog 2017 das Katholisch-Soziale Institut, das Tagungs- und Schulungszentrum der Erzdiözese, ein.

28 Abtei und Markt
Siegburg im Mittelalter

Siegburg und die Abtei auf dem Michelsberg – das ist nicht nur eine markante Erscheinung in der Geographie; Abtei und Stadt sind auch historisch auf das Engste verbunden. Hinzu kamen die verkehrsgünstige Lage des Ortes an alten Handelsstraßen und der Handwerkerfleiß ihrer Bewohner.

Im Rheinischen Städteatlas wird Siegburg als der seltene Typ einer „Abteistadt" geführt. Wohl gab es zur Zeit der Pfalzgrafenburg eine kleine Siedlung am Fuße des hoch aufragenden Bergkegels aus Basalttuff, doch war es Erzbischof Anno II. (→ HL 26), der beim deutschen König Heinrich IV. für sein neugegründetes Kloster auf der Anhöhe 1069 das Markt-, Zoll- und Münzrecht für Siegburg erwirkte. Der Kölner Bischof war Stadtherr, doch durfte er als Geistlicher keine Gewalt ausüben; damit war ein Stellvertreter, der „advocatus" – Vogt – beauftragt, der für ihn die Blutgerichtsbarkeit ausübte und den militärischen Schutz sicherte. Anfangs bestimmte der Erzbischof allein über Vogt und Stadt. Seit der Mitte des 12. Jahrhunderts strebten die Grafen von Berg, das ihnen übertragene Amt des Vogts erblich zu machen; sie nutzten diese Machtbefugnis, um ihre Herrschaft in den umliegenden Gegenden zu festigen.

Zu Beginn des 13. Jahrhunderts erhielt Siegburg eine Stadtmauer, äußeres Zeichen für die Rechtsstellung als Stadt. Sie umgab den Ort halbkreisförmig; nach Osten hin boten der Bergkegel und die befestigte Abtei genügend Schutz. Vier Tore sicherten den Einlass. Reste der Stadtbefestigung haben sich an einigen Stellen noch bis heute erhalten. In dieser Zeit entstand auch die romanische Pfarrkirche Sankt Servatius.

Siegburg lag am Kreuzungspunkt wichtiger alter Handelswege. Von Köln kommend durchquerte die Frankfurter Straße die Stadt, die Vorgängerin der heutigen Bundesstraße 8. Von West nach Ost verlief die Altstraße, die nördlich von Bonn, der alten Römerstadt, den Rhein querte und östlich von Siegburg über die Höhen Richtung Siegen und Westfalen führte (→ HL 22). Mittelpunkt der Stadt war der langgestreckte Markt. Auf der Sieg

konnten Kähne vom Rhein aus früher bis Siegburg fahren.

Schon früh gab es enge Beziehungen zwischen der Bischofsstadt Köln und der Klosterstadt Siegburg. 1285 sicherte ein Vertrag den Bürgern beider Städte die gegenseitige Freiheit von Abgaben zu. Wichtigstes Handelsobjekt waren Siegburger Tonwaren, die von den Kölner Kaufleuten, die der Hanse angehörten, bis in den Ostseeraum verkauft wurden (→ HL 29).

Siegburg hatte die Rechtsstellung einer Landstadt des Erzstiftes Köln. Stadtherr war somit der Kölner Erzbischof. Vor Ort vertrat ihn der Abt auf dem Michelsberg, der als geistlicher Herr den Vogt einsetzte. Als Vertretung der Stadt gab es einen Bürgermeister und einen Rat aus „Schöffen", die wiederum vom Abt ernannt wurden. Das Blutgericht verblieb beim Bischof, der Vogt urteilte über schwere Verbrechen, die Stadt kümmerte sich um den Bau und die Verteidigung der Stadtmauer und verwaltete die Finanzen. Dieses recht komplizierte System blieb im Prinzip bis zur Neuzeit gültig.

Streit blieb freilich nicht aus: Um 1400 lehnten sich die Siegburger Bürger gegen die Herrschaft des Abtes auf und beanspruchten Selbstverwaltungsrechte. Dabei verbündeten sie sich mit dem bergischen Herzog, dem Vogt. Der Abt setzte einen neuen Vogt ein. Dank der Unterstützung durch seine Lehensleute gelang es dem Abt, die bergischen Truppen zu vertreiben; von seiner befestigten Abtei aus ließ er sogar die Stadt in Brand schießen, die sich schnell wieder unterwerfen musste.

1676 schließlich fielen Stadt und Abtei an das Herzogtum Berg. Das Wappen der Stadt Siegburg erinnert heute noch an die alte Rechtsstellung: Oben zeigt es den Erzengel Michael auf dem Abteiberg mit den herrscherlichen Insignien, unten den roten bergischen Löwen.

Die Stadt Siegburg zu Füßen der Abtei auf dem Michelsberg, die damals noch aus vielen unterschiedlichen Gebäuden bestand und wie eine Burg befestigt war. Stich von Matthäus Merian, um 1640.

29 Krüge für fürstliche Tafeln
Siegburger Steinzeug

Am zweiten Juliwochenende findet auf dem Marktplatz in Siegburg der „Keramikmarkt" statt. Präsentiert werden moderne Unikate, Gebrauchsporzellan, aber auch künstlerisch gestalteter Dekor. Das ist sicherlich ein touristisches Ereignis, aber auch eine Erinnerung an Zeiten, in denen Töpfer den Namen der Stadt in Deutschland und darüber hinaus bekannt machten.

Voraussetzung für den Handwerkszweig in Siegburg waren hochwertige Tonvorkommen – und Ton fand sich nördlich der Stadt in sehr feiner Körnung und mit geringem Gehalt an Eisenoxid; das gab beim Brennen ein sehr helles Geschirr. Die Töpfer im Mittelalter nannten sich „Ulner" oder „Aulner" – der Name leitet sich vom lateinischen „olla" (= Topf) ab. Die heutige Aulgasse erinnert an den Handwerkszweig.

Die Kannen und Trinkgefäße der Siegburger Töpfer wurden vornehmlich von Kölner Händlern abgenommen und in ganz Deutschland sowie im Handelsraum der Hanse verkauft. Der Abt des Klosters Sankt Michael sicherte sich diese einträgliche Quelle für Abgaben; er erließ eine Zunftordnung, in der die Anzahl der Betriebe und Brennöfen, die Produktionsmengen und die Preise festgelegt waren.

Im Zeitalter der Renaissance seit der Mitte des 16. Jahrhunderts übernahmen die Siegburger Töpfer nach Kölner Vorbildern neue Techniken zur Verzierung der repräsentativen Trinkgefäße. Künstler schnitten dazu oft nach bekannten Kupferstichen allegorische Figuren oder biblische Szenen in Formen, deren Abdrücke in Ton mit den halbfertigen Gefäßen verbunden wurden.

„Das Ansehen der Töpfer innerhalb der Siegburger Handwerkerschaft stieg. Ab etwa 1560 sympathisierten die Töpfer wie alle Handwerker in Siegburg und auch weite Teile der Bürgerschaft mit der Reformation. Auf Trinkgefäßen tauchten nun auch neue theologische Themen auf, die die Töpfer für protestantische Herren in deren Auftrag herstellten. Solche Gefäße fanden großen Absatz in den neuen protestantischen Ländern, auch in Nordeuropa. Als der Abt 1572 die Rückkehr zum Katholizismus befahl und bald alle Bürger, die den alten Treueeid nicht erneuern wollten, aus der Stadt auswies, waren auch zwei Töpfer unter denen, die die Stadt für immer verließen.

Mit dem Dreißigjährigen Krieg, der ganz Deutschland und Nordeuropa erfasste, brach das Fernhandelssystem der Töpfer zusammen und der Absatz ihrer Ware sank. Dennoch hielten sich einige Töpfereien bis in die Mitte des 19. Jahrhunderts. Sie stellten zuletzt vor allem Bierkrüge aus Steinzeug her." (Marion Roehmer, Ausstellungs-Kuratorin)

Töpferfamilien aus Siegburg zogen in den Westerwald mit seinen reichhaltigen Tonvorkommen und trugen so zur Entwicklung des „Kannebäckerländchens"

Siegburger Schnelle im Stadtmuseum, ein hoher Trinkkrug aus hellem Steinzeug, 1560–1570. Die Reliefs zeigen biblische Szenen.

bei. „Rückkehrer" in das Rheinland begründeten wiederum die Töpfertradition in Adendorf (→ HL 52).

Das Stadtmuseum am Markt zeigt in einer neu gestalteten Abteilung die lange Entwicklung des Siegburger Töpfergewerbes, vom Alltag des Töpfers bis zu den Spitzenprodukten. Neben der reichen Sammlung bieten Aktionsräume die Gelegenheit, sich selbst mit Formen und Techniken der Töpferei vertraut zu machen.

30 Oper für Kinder
Engelbert Humperdinck

Wer das Kinderlied trällert: „Suse, liebe Suse, was raschelt im Stroh?", der denkt sicher nicht daran, dass es ein würdiger Herr mit wilhelminischen Schnauzbart war, gebürtig aus Siegburg, der die Melodie komponierte.

Engelbert Humperdinck kam mitten in Siegburg auf die Welt, am Marktplatz, in dem klassizistischen Haus, in dem sich heute das Stadtmuseum befindet. Die strenge Fassade lässt es ahnen: Hier befand sich einmal die Lateinschule der Stadt. Vater Humperdinck war Rektor dieses Progymnasiums und hatte eine Dienstwohnung in dem Gebäude. Das musikalische Talent hatte Engelbert von seiner Mutter geerbt, einer ausgebildeten Sängerin, und so erhielt er auch eine gründliche musikalische Erziehung und versuchte sich schon früh an ersten Kompositionen.

Nach dem Abitur begann Engelbert eine Lehre als Bauzeichner: Der Papa als Schulmann bestand darauf, dass sein Sohn einen „vernünftigen" Beruf ergreifen sollte, nicht die recht riskante Laufbahn eines Musikers. Dank der Unterstützung der Mutter absolvierte Engelbert 1872 die Aufnahmeprüfung im Kölner Konservatorium und konnte ein Kompositionsstudium beginnen. Erfolge stellten sich bald ein: Stipendien ermöglichten Humperdinck weiterführende Studien in München. Dort lernte er die Opern Richard Wagners kennen und begeisterte sich für dessen Musik. Auf einer Italienreise konnte er mit Wagner persönliche Bekanntschaft schließen. Der Meister machte ihn zu seinem Assistenten im Bayreuther Festspielhaus. Dort blieb Humperdinck auch nach Wagners Tod 1883 tätig, aber es gelang ihm nicht, eine interessante Festanstellung zu finden – für viele Verantwortliche war Wagners Musik noch zu ungewohnt. Unruhige Jahre folgten: Humperdinck verdingte sich mit Auftragsarbeiten, wirkte als Klavierlehrer und erteilte Unterricht in Komposition. Schließlich fand er eine Stelle als Lektor und Kritiker im Frankfurter Musikverlag Schott.

In Frankfurt stabilisierte sich sein Leben. 1890 erhielt Humperdinck eine Stelle als Lehrer am Hoch'schen Konservatorium, einer Ausbildungsstätte, die durch die Berufung bedeutender Künstler weltweiten Ruf hatte – auch Clara Schumann-Wieck unterrichtete hier. 1892 verheiratete sich Engelbert mit Hedwig, einer Siegburgerin; das Paar bekam fünf Kinder. Jetzt widmete sich Humperdinck wieder verstärkt der Komposition. Den Durchbruch brachte für ihn die Oper „Hänsel und Gretel", ein Stoff aus Grimms Märchen.

Anlass war die Bitte seiner Schwester, für ein von ihr verfasstes Märchenspiel Liedtexte zu vertonen. Mit der Märchenoper, die 1893 unter Richard Strauß in Weimar uraufgeführt wurde, fand Humperdinck zu einem neuen Stil inmitten der unterschiedlichen Musikrichtungen am Ende des 19. Jahrhunderts. Seine Melodien waren kindlich einfach bei perfekter musikalischer Komposition; sie gingen ins Ohr und wurden zu wahren Volksliedern. Jetzt

Der Komponist Engelbert Humperdinck (1854–1921).

kam auch der finanzielle Erfolg: Humperdinck erwarb 1897 eine herrschaftliche Villa in Boppard am Rhein, 1901 wurde er als Professor an das Konservatorium und die Akademie der Künste nach Berlin berufen. 1911 schließlich übernahm er die Leitung der Kompositionsabteilung der Königlich Preußischen Hochschule für Musik. In Berlin verstarb der Komponist 1921.

„Hänsel und Gretel" wurde zum Welterfolg bis heute; viele andere Kompositionen und Opern gerieten freilich in Vergessenheit. Zu Siegburg und zum Rheinland hielt Humperdinck immer Kontakt; er komponierte Rheinlieder und widmete 1915 ein Chorstück der Wiedereröffnung der Abtei auf dem Michaelsberg. Seine Geburtsstadt ehrt ihn mit einer eigenen Abteilung im Stadtmuseum; eine „Humperdinck-Werkstatt" im alten Zeughaus erforscht und veröffentlicht alle hinterlassenen Musikwerke des Komponisten.

31 „Deutschlands tapferen Söhnen"
Siegessäule 1870/71

Kriegerdenkmale gehören zum Ortsbild vieler Gemeinden. Meist erinnern sie an die Soldaten, die in den mörderischen Schlachten des Ersten Weltkrieges fielen. Eine Generation später, nach dem Zweiten Weltkrieg, mussten weitere Gedenktafeln angebracht werden.

Das Monument auf dem Siegburger Marktplatz stammt aus einer anderen Zeit und verkörpert einen anderen Typus: Das Totengedenken ist verbunden mit dem Stolz auf die Gründung des Deutschen Kaiserreichs 1871. Darauf verweist der heroische Gestus der hoch aufragenden Säule, auf der die geflügelte Siegesgöttin Victoria den Lorbeerkranz präsentiert.

Das Denkmal wurde noch ganz in der nationalen Begeisterung 1873 geplant. Preußen hatte sich 1866 als deutsche Vormacht durchgesetzt. Der von Bismarck provozierte Krieg gegen Frankreich brachte vollends die Einigung: Im Schloss von Versailles riefen die deutschen Fürsten – noch mitten im Krieg – den Preußenkönig Wilhelm zum Deutschen Kaiser aus.

Den Sieg über Frankreich feierte Preußen mit der Siegessäule, die 1873 am Rande des Berliner Tiergartens errichtet wurde. Auch die Siegburger wollten so eine Siegessäule – natürlich im Maßstab, der einer Kreisstadt entsprach. Den Entwurf eines Breslauer Architekten setzte ein Bonner Bildhauer um; für die triumphierende Victoria bestellte man in Berlin den Abguss einer bekannten Statue von Christian Daniel Rauch. Der Künstler schmückte als Hofbildhauer insbesondere Berlin mit klassizistischen Statuen aus und lieferte Siegesgöttinnen für Säulenbekrönungen überall in Deutschland.

Die Säule ist beschriftet mit den Schlachtorten Sedan, Metz, Paris und Amiens, an denen Siegburger Soldaten kämpften; „Gott war mit uns" schließt den Schaft nach oben ab. An der Basis der Säule schließlich sind im Schmuck des Eisernen Kreuzes Bronzetafeln mit den Namen der 170 Gefallenen aus dem Kreis Siegburg eingelassen.

1877 wurde die Siegessäule unter dem Jubel der Bevölkerung feierlich eingeweiht. Das Militär sollte in der Stadt in den kommenden Jahren eine bedeutende Rolle spielen: 1875 hatte Preußen hier eine Gießerei für Artilleriegranaten eingerichtet, ein paar Jahre später kam eine Sprengstoff-Fabrik dazu. Beide Rüstungsbetriebe wurden bis zur Jahrhundertwende die bedeutendsten Arbeitgeber in der Stadt.

Die Siegessäule überdauerte, von ein paar Geschosseinschlägen abgesehen, zwei Weltkriege. In der unmittelbaren Nachkriegszeit beschloss der Stadtrat, das Monument als unzeitgemäß abzureißen – es kam jedoch nicht dazu. Später stand es dem Autoverkehr im Wege – wieder wurde es durch einen Politikwandel gerettet, der den Markt zum Flanieren in der zentralen Fußgängerzone vorsah. So blickt das Monument heute weiterhin auf das bunte Leben am Markt.

Die Siegessäule in Siegburg, ein Denkmal zur Erinnerung an die Gefallenen der Kriege von 1866 und 1870/71.

32 Farben für die Welt
Siegwerk Druckfarben

Zweihundert Jahre lang war Siegburg nach dem Niedergang der Steinguterzeugung eine Kleinstadt ohne große wirtschaftliche Bedeutung. Die Industrialisierung des 19. Jahrhunderts hielt Einzug mit einem Kölner Unternehmen, das 1840 hier günstiges Bauland für eine Vergrößerung fand.

Die Kölner Kattundruckerei Rolffs & Cie. hatte in der Großstadt Köln keine Möglichkeit, sich auszudehnen. Ihr Inhaber fand in Siegburg auf dem „Siegfeld" unterhalb der einstigen Abtei genügend günstiges Bauland; ein Kanal, der von der Sieg abgeleitet die städtischen Mühlen versorgte, bot ausreichend kalkarmes Wasser für die Produktion, in der Stadt und der Umgebung gab es genügend billige Arbeitskräfte. 1840 verlegte die Firma ihren Betrieb nach Siegburg und eröffnete eine Kattundruckerei und -färberei, die sich mit mehreren hundert Arbeitern schnell zum größten Arbeitgeber vor Ort entwickelte. Verkaufsschlager der Kattunfabrik im Kaiserreich waren bunt bedruckte Schnupftücher mit unterschiedlichen Motiven: für das breite Publikum Portraits von Fürsten, für die Erzieher Kinderszenen, für das Militär Instruktionen zum Zerlegen des Gewehrs. Das „Torhaus" am Firmeneingang ist heute zum Firmenmuseum ausgebaut; dahinter stehen die Villen der Firmeninhaber aus der Mitte des 19. Jahrhunderts, die Wert darauf legten, in unmittelbarer Nähe der Fabrik zu wohnen.

Der Beginn des Eisenbahnbaus in Deutschland brachte einen deutlichen Schub für die wirtschaftliche Entwicklung Siegburgs. Die Stadt lag an der Bahnlinie Köln–Gießen und erhielt schon 1859 einen eigenen Bahnhof (→ HL 34). Der Sieg über Frankreich 1870/71 verhalf Siegburg zu neuer strategischer Bedeutung für das Preußische Militär: Es lag nahe an der Westgrenze, an der man die Gefahr eines französischen Revanchefeldzugs befürchtete, war aber wiederum weit genug entfernt, um nicht unmittelbar in kriegerische Aktionen verwickelt zu werden. Die preußischen Rüstungsbetriebe, die bis dahin in Spandau konzentriert waren, verlagerten nunmehr Produktionsstätten nach Siegburg; 1875 wurde westlich der Stadt die Königliche Geschossfabrik gegründet, 1893 entstand nicht weit davon entfernt das Königliche Feuerwerkslaboratorium, das die benötigten Sprengstoffe herstellte.

Die Rüstungsfabriken entwickelten sich schnell zu Großfabriken. Sie zogen mit höheren Löhnen viele Arbeitskräfte an sich. Die „Kattunfabrik Siegfeld" wurde 1914 angesichts der Konkurrenz geschlossen. Bereits 1911 war die Firma „Siegwerk Chemisches Laboratorium mbH" gegründet worden, die aus dem Labor der Kattunfabrik hervorging. Durch diese Verlagerung des Produktionsschwerpunktes auf einen zukunftsträchtigen Bereich wurde der Grund für die heutige „Siegwerk Druckfarben AG" gelegt. Die Geschäftstätigkeit weitete sich so von einem nur in Deutschland produzierenden

Das „Torhaus“ von 1840, die alte Einfahrt zum Siegwerk. Hier hat sich der Betrieb ein Museum zur Geschichte der Firma eingerichtet.

zu einem weltweit tätigen Unternehmen aus, das durch die Entwicklung neuer Farben und Techniken seine Marktstellung festigte.

Spezialgebiet der Firma sind Druckfarben für die Verpackung von Lebensmitteln, die ganz besondere Anforderungen an die Sicherheit stellen – die Farben dürfen ja das jeweils enthaltene Gut nicht beeinträchtigen. Wer denkt schon daran, wie umfangreich die Anwendungen sind: Milchtüten, Butterpapier, Joghurtbecher, Bonbonverpackung, Zahnpastatube, Kopfschmerztabletten …?

Das Foto aus dem Jahr 1890 zeigt die Belegschaft der „Farbküche“, ein chemisches Labor, in dem die Farben für den Baumwolldruck in der Fabrik Rolffs angemischt wurden – die Keimzelle der modernen Druckfarbenfabrik.

33 Abtei und Büroturm
Kreisstadt Siegburg

Die Abteistadt Siegburg stieg 1816 zu politischer Funktion auf, nachdem beim Wiener Kongress Preußen die über 20 Jahre lang französisch regierten Gebiete längs des Rheins übertragen bekam. In der preußischen Rheinprovinz wurde Siegburg zur Kreisstadt im Regierungsbezirk Köln.

Die neue zentralörtliche Funktion Siegburgs wirkte sich zunächst aber nicht im Stadtbild oder der Beschäftigungsstruktur aus. Der Landrat wurde vom König aus den im Kreis ansässigen Gutsbesitzern ernannt; als Vorgesetzter der kreisangehörigen Gemeinden stellte er die unterste Ebene der Staatsverwaltung dar und war dem Regierungspräsidenten unterstellt. Seine Amtsgeschäfte – die Kontrolle der Gemeindefinanzen, die Bauaufsicht, das Gesundheitswesen, die Aufsicht über die Schulen – konnte er mit Hilfe einer Handvoll Mitarbeiter von seinem Gut aus führen. Das Landratsamt im Kreis Siegburg befand sich anfangs in der Abtei auf dem Michelsberg, dann in Hennef, später im Schloss Allner. Einmal jährlich berief der Landrat die Kreisversammlung ein, die sich aus den Honoratioren im Kreis zusammensetzte und nur beratende Funktion hatte.

1825 erhielt der Kreis den Namen „Siegkreis", nachdem er um den Kreis Uckerath vergrößert worden war. Erst nach 1887 erhielten die Kreise der Rheinprovinz weitergehende Rechte zur kommunalen Selbstverwaltung. Der Kreistag konnte nun eine Persönlichkeit als Landrat vorschlagen, der aber vom König ernannt werden musste. In das Amt wurden nunmehr vorzugsweise erfahrene Verwaltungsbeamte berufen, da die Kreise deutlich mehr Aufgaben erhielten; dazu gehörten nun auch der Straßenbau, die regionalen Kleinbahnen, das Feuerwehrwesen und die Aufsicht über die Kreissparkasse. Die Kreisverwaltung entwickelte sich zu einer eigenen Behörde, die etwa 60 Beamte und Angestellte umfasste.

1907 erhielt Siegburg schließlich ein repräsentatives Kreishaus in der Wilhelmstraße mit einem großen schiefergedeckten Walmdach; als Architekten berief man den Kölner Regierungsbaumeister Karl Moritz. Den Landrat brachte man gleich daneben in der Villa Korte recht komfortabel unter. Schon 1920 musste das Gebäude durch den Ankauf von Nachbargrundstücken erweitert werden: In der Notzeit nach dem Ersten Weltkrieg kamen zusätzliche Aufgaben auf den Kreis zu, vor allem die Wohlfahrtspflege, die Fürsorge für die Kriegsopfer, der Wohnungsbau und die Zulassung von Kraftfahrzeugen. Die preußische Kreisordnung blieb bis 1933 in Kraft, ehe sie von der nationalsozialistischen Regierung nach dem „Führerprinzip" umorganisiert wurde.

Nach dem Zweiten Weltkrieg führte die Besatzungsmacht nach englischem Vorbild das Amt des Kreisdirektors ein, der neben dem ehrenamtlich als Vorsitzender des Kreistages tätigen Landrat hauptamtlich die Verwaltung führte.

Unübersehbar – das Kreishaus in Siegburg, dominantes Zeichen für die Gegenwart, vor der Abtei Sankt Michael.

Diese Ämtertrennung wurde 1994 wieder aufgehoben.

Die große Gebietsreform des Jahres 1969 machte Bonn, die provisorische Bundeshauptstadt, durch die Eingemeindung von Godesberg und Beuel zur Großstadt. Nun wurde der rechtsrheinisch gelegene Siegkreis erweitert um den linksrheinischen Rest des früheren Landkreises Bonn.

Als Zeichen ihrer neuen Würde erhielten Bonn wie Siegburg ein modernes Verwaltungszentrum: Man setzte es jeweils markant als Hochhaus neben die alte Stadtsilhouette. In Siegburg gewann der Bonner Architekt Ernst van Dorp die Ausschreibung für den Bau der neuen Kreisverwaltung. Das alte Kreishaus wurde abgerissen, an seiner Stelle entstand zwischen 1974 und 1978 ein zwölfgeschossiger Turm mit Nebengebäuden, Symbol für die aktuelle Bedeutung der Kreisverwaltung: Sie ist mit etwa 1.500 Beamten und Angestellten heute der wichtigste Arbeitgeber in Siegburg.

34 Moderner Schwerpunkt der Stadt
Der ICE-Bahnhof

Die Eisenbahn war es, die der eher geruhsamen Stadt Siegburg um die Mitte des 19. Jahrhunderts den eigentlichen Anstoß zum Start in das industrielle Zeitalter gab. Zunächst einmal stand die Verbindung mit Gießen über den Westerwald im Blickpunkt.

Das Königreich Preußen hatte großes Interesse daran, seine westlichen Landesteile am Rhein und in Westfalen mit den Stammlanden im Osten zu verbinden. Dem dienten zunächst breite Chausseen. Der Erfolg der Eisenbahnen am Ende der 1830er-Jahre ließ die Forderung nach modernen Eisenbahnstrecken laut werden. 1847 wurde eine erste durchgehende Bahnlinie von Köln über das Ruhrgebiet bis Minden fertiggestellt. Streckenführungen von Köln nach Süden entlang des Rheins Richtung Mainz konnte das Militär aus strategischen Gründen – Nähe zu Frankreich – lange blockieren. Erst 1859 wurde eine linksrheinische Strecke von Köln über Koblenz nach Bingen eröffnet.

Im selben Jahr vollendete die Cöln-Mindener Eisenbahngesellschaft eine Bahnlinie von Deutz bis Hennef, die durch das Siegtal weitergeführt wurde bis Gießen mit einem Abzweig nach Siegen. So konnte Eisenerz kostengünstig aus dem Siegerland und dem Lahn-Dill-Gebiet zu den Kohlegruben an der Ruhr befördert werden. Siegburg erhielt 1859 seinen ersten Bahnhof südlich der Stadt.

Schwieriger erwies sich der Bau einer rechtsrheinischen Strecke. Das Fürstentum Nassau hatte 1853 begonnen, eine Eisenbahn von Wiesbaden über Rüdesheim bis Lahnstein zu bauen. Erst nach langen Verhandlungen stimmte die preußische Regierung zu, die Bahnlinie 1868 an der Festung Koblenz-Ehrenbreitstein vorbei nach Norden weiterzubauen. Siegburg bot sich nun als idealer Anschlusspunkt an die Linie nach Köln-Deutz an; die Stadt hätte sich damit zu einem bedeutenden Verkehrsknotenpunkt entwickelt. Von Siegburg aus erwog man sogar, die Bahnlinie durch das Aggertal über Overath und Barmen bis Bochum weiterzuführen. Dagegen protestierten wiederum die Kölner Industriellen, die eine kostengünstiger über Opladen und Essen geführte Bahn bevorzugten. Dem schloss sich auch der Direktor der florierenden Eisenhütte in Troisdorf (→ HL 36) an – 1871 wurde trotz des Widerstands der Siegburger die Koblenzer Bahn in Troisdorf an die Deutzer Linie angeschlossen.

In kleinerem Maßstab erfüllte sich doch noch die Siegburger Hoffnung auf einen Eisenbahn-Knotenpunkt: Vom Bahnhof zweigte die Aggertalbahn als vollspurige Nebenlinie ab. Sie führte um den Abteiberg herum Richtung Norden nach Lohmar und Overath; von ihr ist nur noch der Nordbahnhof als Gaststätte erhalten. Neben dem Hauptbahnhof lag einst der Bahnhof Zange; von hier gingen seit 1899 ein Zweig der Bröltalbahn (→HL 24) nach Niederpleis und die 1911 eröffnete elektrische Bahn nach Bonn ab. 1914 wurde auch eine Kleinbahn vom

Bahnsteigseite des Siegburger ICE-Bahnhofs.

Bahnhof Siegburg nach Zündorf eröffnet (→ HL 38), die als Straßenbahn bis 1963 Personen beförderte, heute aber nur noch auf der Teilstrecke zwischen Troisdorf und Lülsdorf im Werksverkehr Güterwagen bewegt. Im Zuge der „Verkehrswende" fehlt es nicht an Plänen, die Linie für den Nahverkehr wiederzubeleben.

Zwischen 1905 und 1907 hatte Siegburg ein neues Bahnhofsgebäude im historisierenden Stil mit Walmdach erhalten. Der zunehmende Verkehr machte 1913 die Höherlegung der Fernbahngleise erforderlich; die Bahnhofsumgebung wurde durch Straßenerweiterungen besser erschlossen, eine neue Unterführung für die Bonner Straße nahm den Verkehr nach Süden auf.

Die Planung für eine Schnellbahnstrecke von Köln nach Frankfurt quer durch Westerwald und Taunus brachte gegen Ende des 20. Jahrhunderts einen Modernisierungsschub für Siegburg. Um auch die damalige Bundeshauptstadt Bonn mit der Schnellbahn zu verbinden, sollte in Siegburg ein Halt eingerichtet werden. So begann man 1996 mit dem Bau des Fernbahnhofs „Siegburg/Bonn". Der alte Bahnhof aus der Nachkriegszeit musste weichen, die Stadtbahn nach Bonn erhielt einen direkten unterirdischen Anschluss.

Seit dem Beginn des Schnellverkehrs 2002 hat sich der Bahnhof als Magnet für Passagiere erwiesen. Zusammen mit dem nagelneuen Empfangsgebäude wurde die ganze Umgebung umgestaltet. Parkhäuser nehmen 1.500 Autos auf, die Sparkasse errichtete ein Geschäftszentrum mit einer gläsernen Passage, Amtsgericht und Arbeitsgericht, das Kreishaus und mehrere Schulen liegen ganz in der Nähe, ein Großkino sorgt auch abends für Leben.

35 Das Troisdorfer Kulturzentrum
Burg Wissem

Ein großer Park, ein Tiergehege mit Hirschen und Volieren, ein malerischer Rittersitz mit mittelalterlichen Wurzeln, daneben ein moderner Bau mit Museen und Restaurant – was braucht man mehr, um einen Mittelpunkt für das Kulturleben einer Industriestadt zu schaffen?

Troisdorf, das war ein Dorf an der Handelsstraße von Köln nach Frankfurt. In der preußischen Zeit nach 1816 gehörte es zur Bürgermeisterei Siegburg. Die moderne Zeit setzte ein, als 1825 ein Unternehmer am alten Mühlengraben nahe der Sieg eine Eisenschmelze gründete – die Keimzelle der Friedrich-Wilhelms-Hütte (→ HL 36).

Dann ging es recht schnell: 1861 erhielt Troisdorf einen Bahnhof an der Bahnstrecke Köln–Gießen, 1871 mündete hier die rechtsrheinische Bahn von Koblenz her ein, 1887 wurde neben dem Militärübungsplatz Wahn eine Zünderfabrik errichtet, aus der später die Dynamit Nobel AG hervorging. Der Industrieort erhielt 1952 Stadtrechte, heute ist Troisdorf mit Abstand vor Sankt Augustin die größte Stadt im Rhein-Sieg-Kreis.

Burg Wissem geht zurück auf einen alten Rittersitz, eine Wasserburg am Rande der Wahner Heide. Von der Anlage ist die Remise aus dem 17. Jahrhundert aus groben Bruchsteinen erhalten. Im 19. Jahrhundert erwarb ein Freiherr von Loe das Schloss und ließ das Herrenhaus im klassizistischen Stil neu bauen. Seit 1939 ist das Anwesen im Besitz der Gemeinde Troisdorf, die es bis 1982 als Rathaus nutzte. Die Stiftung eines Troisdorfer Unternehmers, der eine große Sammlung von Kinderbüchern, Illustrationen und Druckstöcken zusammengetragen hatte, bildete den Grundstock des einzigartigen Bilderbuchmuseums, das 1982 im Herrenhaus der Burg untergebracht wurde. Bald kamen weitere reichhaltige Donationen von Kinderbüchern und Illustratoren hinzu. Dieser Bestand macht das Museum Burg Wissem zu einem wahren Wallfahrtsort für Kinder und Familien – die Buchforscher nicht zu vergessen, die sogar mit Stipendien unterstützt werden können.

Fördergelder der „Regionale 2010“ ermöglichten es der Stadt, die Burg zu einem richtigen Kulturzentrum zu erweitern. Die renovierte Remise und moderne Anbauten nahmen ein Museumscafé nebst Restaurant auf, das pädagogische Zentrum „Portal Wahner Heide“ – ein Erlebnisraum zum nahen Naturschutzgebiet –, die umfangreiche Sammlung des Troisdorfer Fotografen Heinz Müller und schließlich das Museum zur Stadt- und Industriegeschichte Troisdorf.

Letzteres lässt den engen Zusammenhang nachvollziehen, der Troisdorf und die Industrie seit dem 19. Jahrhundert verbindet: Die Ansiedlung großer Unternehmen ließ die Bevölkerung rapide wachsen, umgekehrt litt die Stadt unter den mit dem industriellen Wandel verbundenen Krisen. So etwa machten die Werksgebäude der untergegangenen Dynamit Nobel AG einem neuen Stadtzentrum mit dem Rathaus und einer modernen Stadthalle Platz.

Das einstige Herrenhaus der Burg Wissem, heute Sitz des Kinderbuchmuseums, liegt inmitten eines großen Parks.

36 Schwerindustrie an der Sieg
Friedrich-Wilhelms-Hütte

Hochöfen am Rhein? Aber ja: Duisburg – kennt doch jeder! Mit Troisdorf verbindet kaum einer den Gedanken. Wo hat man denn da rauchende Schornsteine gesehen? Aber da gibt es einen Ortsteil mit dem Namen Friedrich-Wilhelms-Hütte, und wenn man mit der S-Bahn vorbeifährt, gewahrt man große Fabrikhallen.

Die nahen Erzvorkommen im Bergischen Land und im Pleistal veranlassten Johann Heinrich Windgassen, Nachkomme einer im Montangewerbe tätigen bergischen Familie, am Sieglarer Mühlengraben Wasserrechte und Ackerland zu erwerben. Dort gründete er 1826 eine Eisenschmelze mit zugehörigen Werksanlagen, die den Namen Friedrich-Wilhelms-Hütte erhielt. Das Unternehmen begann um 1830 mit der Produktion, wurde aber schon 1843 an den Kölner Fabrikanten Johann Jakob Langen verkauft.

Der investierte kräftig in die Hütte und stellte die Produktion auf die Verwendung von Kokskohle um. Er gliederte der Schmelze eine Maschinenfabrik und eine Eisengießerei an. Die Erze mussten auf Pferdekarren über kaum unterhaltene Wege herangeschafft werden. Abhilfe brachte der Verkehr auf Schienen mit Pferdebahnen und bald auch mit Dampflokomotiven: Langen wurde zum Vorkämpfer des Baus der Bröltalbahn (→ HL 24).

Der Eisenbahnbau und die in Deutschland vordringende Industrialisierung führten zur Konzentration der Montanindustrie im Ruhrgebiet. Bezeichnenderweise war es die Hoesch AG in Dortmund, die 1870 die relativ kleine Troisdorfer Hütte aufkaufte und als „Sieg-Rheinische-Hütten AG" weiterführte.

Zu Beginn des 20. Jahrhunderts drohte die Stilllegung des Werkes. Als Retter trat die Firma Louis Mannstaedt aus Köln-Kalk auf. Sie hatte sich spezialisiert auf gewalzte Eisenprofile; 1910/11 verlegte sie den Firmensitz an die Sieg und machte die Friedrich-Wilhelms-Hütte zum führenden deutschen Unternehmen für Walzprofile und zum größten Arbeitgeber des Sieg-Kreises.

Der Erste Weltkrieg brachte schwere wirtschaftliche Einbußen. 1923 fusionierte Mannstaedt mit dem Klöckner-Konzern in Duisburg. Nach Zerstörungen im Zweiten Weltkrieg und Demontagen erholte sich das Werk in der Aufbauphase der Bundesrepublik, bis dann in den 80er-Jahren die Stahlkrise ausbrach. Die Hochöfen waren längst stillgelegt – ein paar überwucherte Schlackenhalden sind als letzte Zeugen übrig. Es folgten erneute Besitzerwechsel, die Belegschaft schrumpfte deutlich.

2006 gelang es der Georgsmarienhütte Osnabrück, den Stahlstandort Friedrich-Wilhelms-Hütte zu erhalten und durch massive Modernisierungen zu einem weltweit tätigen Unternehmen für hochwertige Stahlprofile umzugestalten. Friedrich-Wilhelms-Hütte gehörte mit den Werkssiedlungen zur Gemeinde Menden;

Motive aus den denkmalgeschützten Arbeitersiedlungen „Rote Kolonie" (links) und „Schwarze Kolonie" (rechts) in Troisdorf-Friedrich-Wilhelms-Hütte.

in der Gemeindereform von 1969 fiel das Gebiet an Troisdorf.

Denkmäler des Industriezeitalters haben sich auf dem großen Walzwerksgelände nicht erhalten, wohl aber drumherum: die Siedlungen der Fabrikarbeiter und der Angestellten. Drei Bereiche sind für den Denkmalschutz ausgewiesen: die Beamtensiedlung „Kasino-Viertel", die „Schwarze Kolonie" und die „Rote Kolonie" – benannt nach der Farbe der Eindeckung.

Nördlich des Walzwerks hatte sich der Firmeninhaber Langen um 1840 eine Villa erbaut, das „Haus im Turm". Daneben entstanden werkseigene Schulgebäude, ein Kaufhaus und ein Kasinohotel sowie Wohnhäuser für die leitenden Angestellten.

Nördlich des Werks ließ Louis Mannstaedt für die Arbeiter, die er aus Köln mitbrachte, 1912/13 mit der „Roten Kolonie" eine Werkssiedlung errichten. Nach den modernen Prinzipien der „Gartenstadt" entstanden kleine Häuschen von 50 bis 90 m² Wohnfläche, die jeweils von einem Garten zur Selbstversorgung umgeben waren. Es gab – ganz modern – Strom, Warmwasserboiler und WC. Miete und Nebenkosten wurden gleich vom Lohn einbehalten; die Firma unterhielt eine Kleinkinderschule und den Kaufladen.

Jenseits der Bahnlinie im Westen errichtete die Hütte dann zwischen 1913 und 1922 nach denselben architektonischen Prinzipien die „Schwarze Kolonie".

37 1.000 Jahre Fischerbrüder
Fischereimuseum Bergheim

Der „dritte Fisch" kostete 600 Taler. Das wurde 1850 in einem notariellen Vertrag zwischen den Bergheimer Fischern und dem preußischen Fiskus statuiert. Was es damit auf sich hat, klärt ein Besuch im Museum, das hoch über dem Ufer an der Gemeindegrenze zwischen Troisdorf-Bergheim und Niederkassel-Mondorf auf die Siegmündung blickt.

Bergheim entstand im 5. Jahrhundert, als hier die Franken auf dem Hochufer der Sieg eine Siedlung begründeten. Hier lagen fünf Herrenhöfe, die zum Grundbesitz eines Damenstifts in Vilich gegenüber von Bergheim am anderen Ufer der Sieg gehörten. König Otto III. sicherte 987 die Rechte des Stifts in einer Urkunde. Die in Bergheim ansässigen Fischer erhielten das Fischereirecht im Rhein von Beuel bis Mondorf und im Unterlauf der Sieg. Ein Drittel der gefangenen Fische hatten sie an die Stiftsdamen in Vilich abzuliefern.

Diese Regelung aus der Feudalzeit wurde auch in den folgenden Jahrhunderten immer wieder bestätigt und beschworen. Die Bergheimer Fischer schlossen sich zu einer „Bruderschaft", einer Art Zunft zusammen; ihre Organisation führen sie auf das Jahr 987 zurück. Diese Bruderschaft hatte feste Statuten; die Fischereirechte gingen vom Vater auf den ehelichen Sohn über. Die Mitglieder trafen zweimal jährlich in einem „Geding" zur Beratung zusammen; den Vorsitz führte ein „Brudermeister".

In der napoleonischen Zeit wurden mit der Säkularisation 1803 die Orden und Klöster aufgehoben, auch das Vilicher Damenstift. Nach dem Wiener Kongress kamen die Rheinlande 1815 zu Preußen, das die Gebiete in der Rheinprovinz zusammenfasste und die alten feudalen Rechte erbte. 1850 gelang es der Bergheimer Fischerei-Bruderschaft in einer Vereinbarung mit dem preußischen Finanzministerium, den „dritten Fisch", das von alters her abzuliefernde Drittel des Fangs, durch eine einmalige Zahlung abzulösen. Seither ist die Bergheimer Bruderschaft „souverän" in den Fischereirechten an der unteren Sieg. In einer Begehung ließ sie 1965 die Grenzen ihres Fischereibezirkes durch Grenzsteine – Basaltquader mit einem eingelassenen bronzenen Wappen – neu markieren. Ein derartiger Stein steht in Bonn-Vilich unweit der Adelheidiskirche am Wallfahrtsort „Pützchen", dem wundertätigen Brunnen, mitten auf der Wiese. Ob sich die Besucher des Volksfestes „Pützchens Markt" jemals fragten – wenn sie den Stein denn bemerkten –, was hier der Verweis auf Bergheimer Fischer zu bedeuten habe? Einsichtiger ist da für den Spaziergänger am Rheinufer der mannshohe Sandsteinblock nahe der Friedrich-Ebert-Brücke, der die Grenze der Bergheimer Rechte am Rhein markiert.

Auch nach dem Ende der Berufsfischerei in den 1960er-Jahren blieb die Bruderschaft, zu der über 400 Mitglieder aus den verbleibenden 9 traditionellen Fischerfamilien gehören, im Besitz der

Blick in die Ausstellungsräume des Fischereimuseums Bergheim. Ein großes Schiffsmodell erläutert die Technik des Aalfangs im Rhein (→ HL 2).

Fischereirechte. Sie nimmt heute Aufgaben in der Traditionspflege und im Naturschutz der Siegaue wahr; ihre Mitglieder betreuen ehrenamtlich das Fischereimuseum.

1986 bauten die Bergheimer Fischerbrüder ein neues Zunfthaus mit einem kleinen Museum neben einer Ausflugsgaststätte am Nachtigallenweg. Bald reichte der Platz für die vielen interessanten Ausstellungsstücke nicht mehr aus. Die „Regionale 2010" bot da die Chance, unterstützt durch den Kreis, die Stadt Troisdorf und weitere Projektpartner, das Museum durch einen hochmodernen Anbau zu erweitern. Es zeigt nun eine Ausstellung zur Kulturgeschichte der Fischerei an der Unteren Sieg, zur Tradition der Fischerei-Bruderschaft und zur Artenvielfalt der Flussfische. Dem Museum angegliedert sind Veranstaltungsräume und ein Erlebniszentrum zur Siegaue.

Die Siegaue, das noch als weitgehend intakte Naturlandschaft erhaltene Mündungsgebiet der Sieg in den Rhein, wurde 1987 unter Naturschutz gestellt. Sie bietet mit ihren Altwässern, den Auwäldern, den bei Hochwasser regelmäßig überfluteten Wiesen und den Kiesinseln im Fluss vielen seltenen Pflanzen und Tieren, insbesondere den Wasservögeln, einen bedeutenden Rückzugsraum.

38 Ein Denkmal für den Rhabarber
Mondorf

Den Adenauerplatz in Mondorf am Rhein schmückt ein Brunnen aus schwarzer Basaltlava. Er ist jedoch nicht dem namengebenden Politiker gewidmet, sondern – dem Rhabarber. Zur Erklärung müssen wir in die Geschichte des Ortes eintauchen.

Der Brunnen, den der ortsansässige Bildhauer Richard Neff 1994 zur Einweihung des neugestalteten Platzes schuf, stellt drei zusammengebundene stilisierte Rhabarberstängel mit den ausgebreiteten Deckblättern dar.

Rhabarber, das war am Ende des 19. Jahrhunderts ein wichtiges Produkt der heimischen Landwirtschaft. Das Rheintal zwischen Bonn und Köln war traditionell der „Gemüsegarten" der nahen Großstädte; die Bauern lieferten frische Produkte für die städtischen Märkte. In den fruchtbaren Feldern um Mondorf wurde feldmäßig Rhabarber angebaut. Einheimische Obstbauern hatten sich für diese damals in Deutschland noch recht neue Pflanze eingesetzt, die auch für kleine Landwirte hohen Ertrag abwarf. Eine Genossenschaft in Mondorf organisierte den Vertrieb und den Transport zu den Großmärkten.

Besondere Bedeutung erlangte hier die Bahnlinie Siegburg–Sieglar–Lülsdorf, die 1914 als elektrifizierte Kleinbahn in der Trägerschaft des Siegkreises eröffnet wurde (→ HL 34). Diese Bahnlinie hatte Normalspur, für sie galten jedoch weniger strenge Vorschriften für Bau und Betrieb als bei den „großen" Fernbahnen. So verlaufen die Schienen zum Teil auf der Straße, hinter Sieglar haben sie ein eigenes Gleisbett neben der Straße. Zwischen Siegburg und Sieglar verkehrten nur Straßenbahnen, zwischen Troisdorf und Lülsdorf auch Güterzüge.

Für die Gemüsebauern – hier vor allem für den Rhabarber – wurden in Eschmar, Bergheim und Mondorf eigene Sammelstellen eingerichtet, an denen die Güterwagen beladen werden konnten, die dann im Bahnhof Troisdorf Anschluss an die großen Linien bekamen. Für die Züge auf der Strecke bürgerte sich so der Name „Rhabarberschlitten" ein.

Der Name erhielt dann in der Notzeit nach dem Krieg eine neue Bedeutung: Per Bahn kamen nun aus den zerbombten Großstädten die Bürger zum „Hamstern" aufs Land. Schwer beladen mit Gemüse traten sie dann den Heimweg nach Bonn oder Köln an.

Lastwagen und Personenkraftwagen haben dann zunehmend der „Elektrischen" die Kunden abspenstig gemacht; der Straßenbahnbetrieb wurde schließlich 1964 eingestellt und durch Buslinien ersetzt. Zwischen Troisdorf und dem Evonik-Chemiewerk verkehrten nur noch wenige Güterzüge. Die Oberleitung wurde aus Kostengründen 1966 abgebaut, Dieselloks bewegten nun im Schritttempo ihre Tankwagen.

Die Reliefs am Brunnen zeigen einen Korbflechter, einen einst verbreiteten Beruf; zu Beginn des 20. Jahrhunderts

Der „Rhabarberbrunnen“ in Mondorf zeigt drei stilisierte Rhabarberstiele mit den charakteristischen gewellten Blättern.

zählten 128 Familien dazu. Ihr Rohmaterial Weidenruten lieferten die zahlreichen Kopfweiden in der nahen Siegaue. So lieferten die Heimarbeiter mit den Weidenkörben gleich das Transportbehältnis für den Rhabarber.

Dann folgt das Relief eines Fährmanns. Mondorf liegt an der Einmündung der Sieg in den Rhein. Von hier führt eine Fährverbindung hinüber nach Hersel am linken Rheinufer und zum Norden Bonns. Als in den späten 1960er-Jahren die Bonner Rheinbrücken fertiggestellt waren, schien das Ende der Mondorfer Fähre gekommen; doch 1994 wurde sie wiedereröffnet und tut seitdem regelmäßig ihren Dienst.

Der Beruf des Fischers liegt bei der geographischen Lage des Ortes nahe; organisiert waren die Fischer in der nahen Bergheimer Fischbruderschaft. Ihr Museum liegt direkt neben der Gemeindegrenze (→ HL 37). Bedeutsamer sind heute die Freizeitkapitäne, die in einem idyllisch gelegenen Hafen in einem Altarm der Sieg ihre Motorboote verankern.

39 Wo das Fliegen begann
Flugplatz Hangelar

Der Flugplatz von Bonn? Na, der liegt in der Wahner Heide! Was heute jedes Kind weiß, gilt aber erst seit 1957. Zuvor lag der Bonner Flugplatz in Hangelar. Und er stellt eines der ältesten immer noch aktiven Flugfelder in Deutschland dar.

Zwischen dem Rhein und den ersten Hügeln des Bergischen Landes liegen von Bonn bis hin nach Leverkusen weite Heideflächen – nach der Eiszeit hatten hier Winde große Sandflächen auf der flachen Mittelterrasse des Rheins angeweht. Das Militär nutzte die landwirtschaftlich wertlosen Flächen als Übungsgelände und Schießplätze. So zogen die Kölner Truppen nach Wahn, die Bonner Garnison übte seit dem Bau der Rheinbrücke 1898 auf den Heideflächen in Hangelar.

Zu Beginn des 20. Jahrhunderts boten die trockenen und recht ebenen Rasenflächen der Heiden den Flugpionieren ideales Terrain für Experimente mit ihren Flugmaschinen. 1909 startete der aus dem Westerwald stammende Fritz Pullig auf dem Exerzierplatz Hangelar seine Flugversuche. Nach dem Vorbild der amerikanischen Gebrüder Wright bastelte er ein Fluggerät, das mangels Motor noch von einem Kraftfahrzeug geschleppt wurde. Und er flog damit – sechs Meter hoch und 400 Meter weit! Dies gilt als Geburtsstunde des Flugplatzes Hangelar.

Nachdem er sich bei missglückten Flugversuchen einige Rippen gebrochen hatte, zog sich Fritz Pullig zurück. In seine Fußstapfen trat 1911 der Kölner Bruno Werntgen. Auf seine Initiative hin entstand eine Flugzeughalle aus Fachwerk. Bruno Werntgen stürzte 1913 mit einem neu konstruierten Fluggerät in Hangelar ab und kam dabei ums Leben.

Dann kam der Erste Weltkrieg, das Militär installierte 1916 eine Staffel von einsitzigen Kampfflugzeugen in Hangelar. Dafür entstand 1917 eine neue Halle aus Stahlfachwerk, die heute noch als Baudenkmal besteht. Sehenswert ist die neuartige Konstruktion von Falttüren in der über 60 Meter langen Front, die für die Einfahrt der Flugzeuge erforderlich war.

Nach der deutschen Kapitulation 1918 zogen englische, kanadische und französische Fliegertruppen auf das Hangelarer Flugfeld. Erst 1926 wurde wieder motorisierter Flugbetrieb für die Deutschen erlaubt.

Danach erlebte der Flugplatz Hangelar seine Blütezeit. Flugturniere und Kunstflugvorführungen zogen Zuschauermassen an, die mit der „Elektrischen" von Bonn her ankamen. Täglich konnten Rundflüge über das Siebengebirge gebucht werden.

1930 die Sensation: Das mit 236 Metern größte deutsche Luftschiff LZ 127 „Graf Zeppelin" kam aus Friedrichshafen zu Besuch. Fünfeinhalb Stunden dauerte die Anreise – der Überflug des Luftschiffes war im ganzen Rheinland ein Ereignis, das in die Ortschroniken einging. 150.000 Menschen ließen sich in Hangelar das Ereignis nicht entgehen.

Am Mittag des 22. April 1930 landete das Luftschiff „Graf Zeppelin" auf dem Flugplatz Hangelar. (Postkarte, Stadtarchiv St. Augustin)

Auch Reichskanzler Adolf Hitler nutzte den Flughafen Hangelar, wenn er in Bad Godesberg in seinem Lieblingshotel Dreesen abstieg, so auch 1938 zu den Verhandlungen mit dem britischen Premier Chamberlain. Und dann kam wieder der Krieg: Jagdflugzeuge, Stukas und Bomber lösten die Zivilflugzeuge ab. Amerikanische und englische Bomber zerstörten 1944 das Flugfeld, den Rest besorgte die Luftwaffe bei ihrem Abzug nach Norden.

1951 konnten in Hangelar wieder die Segelflieger einziehen, 1955 eine Motorfliegerschule. 1957 wurde der neue Großflughafen in der Wahner Heide eröffnet, der nun als Flughafen für Köln und die provisorische Bundeshauptstadt Bonn diente. Die Luftwaffe hatte 1938 auf dem Schießplatz Wahn einen Fliegerhorst errichtet, der nach 1945 von der Royal Air Force und belgischen Fliegertruppen belegt war.

Die Nähe zur Regierung brachte Hangelar die Hubschrauber-Flugbereitschaft des Grenzschutzes, 1972 wurde hier die Antiterrorgruppe des Bundesgrenzschutzes, heute die GSG 9, eingerichtet.

Auch nach dem Abzug der Bundesregierung ist die Bundespolizei mit Hubschrauberstaffeln in Hangelar präsent. Der ADAC wartet hier Rettungshubschrauber, Flugschulen und Vereine sind aktiv, Firmen und Privatpiloten haben hier ihre Flugzeuge stationiert. Freilich sind die Siedlungen der Stadt Sankt Augustin immer näher an das Gelände gerückt: Der Flughafen floriert, andererseits ist der wachsende Fluglärm ein beständiges Ärgernis der Anwohner.

40 Eine Stadt auf der grünen Wiese
Sankt Augustin

1969 fand man beim Wasserleitungsbau nahe des Siegufers einen römischen Weihestein: Die in Bonn stationierte Legion erinnerte daran, dass man hier – auf dem rechten „germanischen" Rheinufer – die Weideflächen für die Reit- und Tragtiere des Kastells erweitert hatte.

Wiesen und Ackerland – das war bis in die Neuzeit weitgehend die Bestimmung des großen Flachlandes zwischen dem Unterlauf der Sieg und dem Beginn des Pleiser Hügellands. Mittendrin lag die Sandfläche der Hangelarer Heide.

Ganz im Osten querte die große Handelsstraße von Köln nach Frankfurt bei Buisdorf die Sieg. Eine weitere Handelsstraße von Bonn in das Siegerland durchlief zwischen Beuel und Siegburg die Niederung (→ HL 22). Die beginnende Industrialisierung bescherte im 19. Jahrhundert der unteren Sieg eine Eisenhütte (→ HL 36), 1870 erhielt die rechtsrheinische Bahn einen Haltepunkt in Menden, dann brachte eine Schmalspurbahn Erze und Basalt aus dem Westerwald von Niederpleis her ans Beueler Rheinufer zur Verschiffung (→ HL 24). Schließlich schuf 1911 eine elektrische Bahn entlang der Landstraße eine schnelle Verbindung zwischen Bonn und Siegburg.

Nach dem Zweiten Weltkrieg nahm die Bevölkerung durch den Zuzug von Evakuierten und Flüchtlingen stark zu, und als dann noch Bonn in seine neue Aufgabe als provisorische Bundeshauptstadt trat, ließen sich viele Menschen im Hinterland Beuels nieder: Um die Bauerndörfer entwickelten sich ausgedehnte Siedlungen.

1969 machte es sich die große Gebietsreform zur Aufgabe, Bonn zur funktionsfähigen Großstadt zu erweitern und die Umgebung in Form des neuen Rhein-Sieg-Kreises neu zu ordnen (→ HL 33). Das Jahr 1969 ist auch das Geburtsjahr der Großgemeinde Sankt Augustin.

Sie fasste die Gemeinden des unteren Siegraumes zusammen: Die Ansiedlung Sankt Augustin lag zwar mittendrin, war aber noch nicht mal eine eigene Gemeinde. An der Stelle, an der die Straße von Niederpleis die Bonner Landstraße querte, hatte sich 1893 ein Gastwirt niedergelassen. Die elektrische Bahn zwischen Bonn und Siegburg erhielt dort eine Haltestelle, und so entwickelte sich um die Gastwirtschaft eine kleine Siedlung. 1913 eröffnete der katholische Orden der Steyler Missionare dort ein großes Missionshaus; zunächst gedacht als Ruhesitz für Missionare und Wohnheim für studierende Patres – die „Elektrische" nach Bonn war ja nicht weit entfernt. Das Kloster erhielt einen großen Kirchenbau und wurde nach dem Kirchenlehrer Sankt Augustinus benannt. 1925 wurde dort eine philosophische Hochschule eingerichtet.

Die neue Großgemeinde von 1969 umfasste vornehmlich Orte aus dem alten Amt Menden, erhielt aber ihren Namen von der zentralen Siedlung Sankt Augustin. Deren große Vorteile: viel freies Land

Der Kirchenbau „Sankt Augustin“ dominiert die ausgedehnte Klosteranlage der Steyler Missionare.

für die Errichtung eines Stadtzentrums und eine verkehrsgünstige Lage.

Neben einer Haltestelle der Stadtbahn Bonn–Siegburg entstand 1970 buchstäblich auf der grünen Wiese das neue Stadtzentrum: Ein Rathaus mit den zentralen Gemeindeeinrichtungen, gegenüber ein riesiges Einkaufszentrum als Frequenzbringer, dazwischen die „Marktplatte“, unterkellert mit einem Parkhaus. An der zentralen Rathausallee siedelten sich ein Hotel, ein Ärztehaus, der Hauptsitz der Konrad-Adenauer-Stiftung und Gewerbeunternehmen an. In der Nähe wurden das Finanzamt und das Rhein-Sieg-Gymnasium errichtet, ein großes Krankenhaus sowie Förderschulen und ein Altenheim. Im Ortsteil Birlinghoven ließ sich 1968 im einstigen Schloss die Gesellschaft für Mathematik und Datenverarbeitung GMD nieder, aus der die heutigen Institute der Fraunhofer-Gesellschaft hervorgingen. Als bedeutsame Ergänzung kam nach 1995 der Campus der Hochschule Bonn-Rhein-Sieg hinzu (→ HL 41).

Angesichts dieser Aufzählungen wundert es nicht, dass sich Sankt Augustin zu der am schnellsten wachsenden Gemeinde der Bundesrepublik entwickelte: Gab es 1950 noch 13.000 Einwohner, so hatte sich die Zahl 1969 schon fast verdreifacht, um sich heute bei 59.000 einzupendeln. Stadtrechte erhielt Sankt Augustin 1977.

Heute geht Sankt Augustin daran, den schnell hochgeschossenen Mittelpunkt zu modernisieren. Ein langfristig angelegtes Entwicklungskonzept strebt die Umgestaltung der bisher wenig einladenden „Marktplatte“ an, neue begrünte Wegeverbindungen führen zur Hochschule und deren Erweiterungsbauten.

41 Stützpunkt der „Wissenschaftsregion"
Hochschule Bonn-Rhein-Sieg

Als der Deutsche Bundestag 1991 Berlin wieder in seine alte Funktion als Hauptstadt einsetzte, sicherte er der Stadt Bonn und der Region milliardenschwere Ausgleichsmaßnahmen zu. Dazu zählte die Förderung von Wissenschaft, Bildung, Forschung und Technologie. Als bedeutsamste Maßnahme für den Rhein-Sieg-Kreis wurde am 1. Januar 1995 eine neue Fachhochschule gegründet.

Die Fachhochschule Rhein-Sieg entstand aus einer gemeinsamen Initiative der Bundesrepublik, des Landes und der Region. Sie nahm 1995 mit 30 Studierenden im Fach Wirtschaft an zwei Standorten, Sankt Augustin und Rheinbach, den Lehrbetrieb auf. 1999 konnte sie bereits in neu errichtete Gebäude einziehen. Der Campus Sankt Augustin entstand auf freiem Feld in unmittelbarer Nähe des neuen Stadtzentrums; hier befindet sich die Leitung der Hochschule. In Rheinbach wurde der Campus nördlich der Altstadt jenseits der S-Bahn-Linie gebaut. 2002 erweiterte sich die Hochschule um das „B-IT", ein zusammen mit den Universitäten Bonn und Aachen gegründetes Internationales Forschungszentrum für Informationstechnologie, das zunächst im Bundesviertel in Bonn unterkam und 2018 neue Räume auf dem Campus Poppelsdorf bezog. Und schon 2003 kam als weitere Studienstätte der Campus Hennef hinzu. 2008 wurde der neue Name „Hochschule Bonn-Rhein-Sieg" eingeführt; er trug damit der Umstellung auf Bachelor- und Master-Studiengänge Rechnung.

Ursprünglich war die Fachhochschule für 2.500 Studierende bestimmt – das Ziel war schon 2002 überschritten. Die Anstoßförderung des Bundes für die Neugründung lief 2004 aus; seitdem bestimmt die Hochschule autonom über die Lehr- und Forschungsbedingungen.

Die Hochschule Bonn-Rhein-Sieg zählt heute über 9.500 Studierende, sie werden von 150 Professoren und Professorinnen betreut. Sie bietet ein

praxisorientiertes Studium auf der Basis aktueller Forschungsergebnisse. Besonderer Wert wird gelegt auf die enge Verbindung von Hochschule und Wirtschaft: Angegliedert ist ein Gründerzentrum, in dem sich Absolventen mit ihren Forschungsergebnissen gleich als Unternehmer betätigen können. Das Erlernen mindestens einer Fremdsprache ist Teil aller Studiengänge und wird durch internationalen Austausch gefördert.

Auf dem Campus Sankt Augustin werden in sieben Fachbereichen über 30 Studiengänge angeboten, darunter Wirtschaft, Ingenieurwissenschaften für Elektrotechnik, Maschinenbau, Informatik, Technik-Journalismus, Kommunikation sowie Sozialpolitik.

Der Campus Rheinbach konzentriert sich auf Wirtschaft und Angewandte Naturwissenschaften mit den Schwerpunkten Klinische Forschung, Wirkstoffentwicklung und Qualitätssicherung. Der Campus in Hennef ist spezialisiert auf Sozialversicherung mit dem Schwerpunkt Unfallversicherung. Die Hochschulbibliothek, zugleich Kreisbibliothek, ist voll digitalisiert und in Sankt Augustin und in Rheinbach angesiedelt.

Die Hochschule Bonn-Rhein-Sieg ist stolz auf ihre in wenigen Jahren errungene Erfolgsgeschichte. Mit ihrem Technologietransfer und den Impulsen für Unternehmensgründungen wirkt sie als bedeutender Akteur in der Wissenschaftsregion Bonn/Rhein-Sieg.

Die Hauptgebäude der Hochschule Bonn-Rhein-Sieg auf dem Campus Sankt Augustin gruppieren sich um einen großen zentralen Platz.

42 Wasser für Colonia
Die römische Wasserleitung

Köln führt seinen Namen stolz auf seine lateinische Bezeichnung zurück. Der Hauptort der germanischen Ubier stieg über das römische Stadtrecht als „Colonia“ zur Hauptstadt der Provinz „Niedergermanien“ auf. Mit 4 Kilometer langen Mauern bewehrt, bot die Stadt Platz für etwa 15.000 Bewohner.

Auch in der Provinz an der Nordostgrenze des Reiches legten die Römer Wert auf allen Komfort, den das Stadtleben zu bieten hatte. Dazu gehörte eine Versorgung mit ausreichend Wasser für die Häuser, die öffentlichen Brunnen und die Badeanlagen. Und nicht irgendwelches Wasser – vorzugsweise kalkhaltiges Wasser entsprach ihrem Geschmack. Köln wurde zunächst durch Wasserleitungen versorgt, die aus reichhaltigen Quellen am Ostrand des Vorgebirges, der Ville, gespeist wurden. Dieses Wasser wurde in einem Becken am Fuß der Höhenstufe gesammelt und dann über eine 8 Kilometer lange gemauerte und überwölbte Leitung entlang der Fernstraße nach Reims in die Stadt geführt. Für die wachsende Bevölkerung reichte im 1. nachchristlichen Jahrhundert die zur Verfügung stehende Menge nicht mehr aus. Neue Quellen mussten erschlossen werden. Kalkhaltiges Wasser gab es in ausreichenden Mengen in der Eifel, in der Nähe des Ursprungs der Erft. Die waren aber etwa 50 Kilometer in der Luftlinie entfernt. Nun hätte es sich angeboten, eine Leitung geradlinig etwa entlang der Fernstraße über Zülpich zu verlegen. Das ging aber nicht: Zwischen der breiten Talsenke von Swist und Erft und der Stadt Köln lag der Geländeriegel des Vorgebirges mit einer Höhe von bis zu 80 Metern.

Heute hat man dafür dicke Röhren, die den hohen Wasserdruck aushalten – die Römer leiteten Wasser in Rinnen entsprechend dem natürlichen Gefälle. Enge Taleinschnitte konnte man mit Brückenbauten, den Aquädukten, überqueren – das kostete aber sehr viel Geld. Also führte man die Leitungen etwa entsprechend den Höhenlinien entlang des Geländereliefs, gegebenenfalls im Bogen um einen Taleinschnitt herum.

Am Ende des 1. Jahrhunderts machten sich die römischen Ingenieure und Landvermesser an diese gewaltige Aufgabe. Die Leitung wurde um die breite Talsenke des Swistbaches herumgeführt; das bedeutete einen Umweg von etwa 30 Kilometern.

Man muss sich die Zahlen vergegenwärtigen: Bei einer Gesamtlänge von über 90 Kilometern lag zwischen den Quellen in der Eifel und dem Niveau der Stadt Köln ein Höhenunterschied von etwa 300 Metern; das bedeutete ein durchschnittliches Gefälle von etwa 0,3 Prozent, das exakt eingehalten werden musste, vermessen in unwegsamem Gelände mit nichts als einer Art von Wasserwaage. Um sie vor Frost zu schützen, war die Leitung überwölbt und einen Meter tief in die Erde eingegraben. Durch die

Die Kartenskizze zeigt den Verlauf der römischen Wasserleitung von den Quellfassungen an der Urft mit dem großen Bogen um die Niederung von Erft und Swist auf die Höhenstufe des Vorgebirges. Die Fernstraße über Zülpich querte die Senke in gerader Linie.

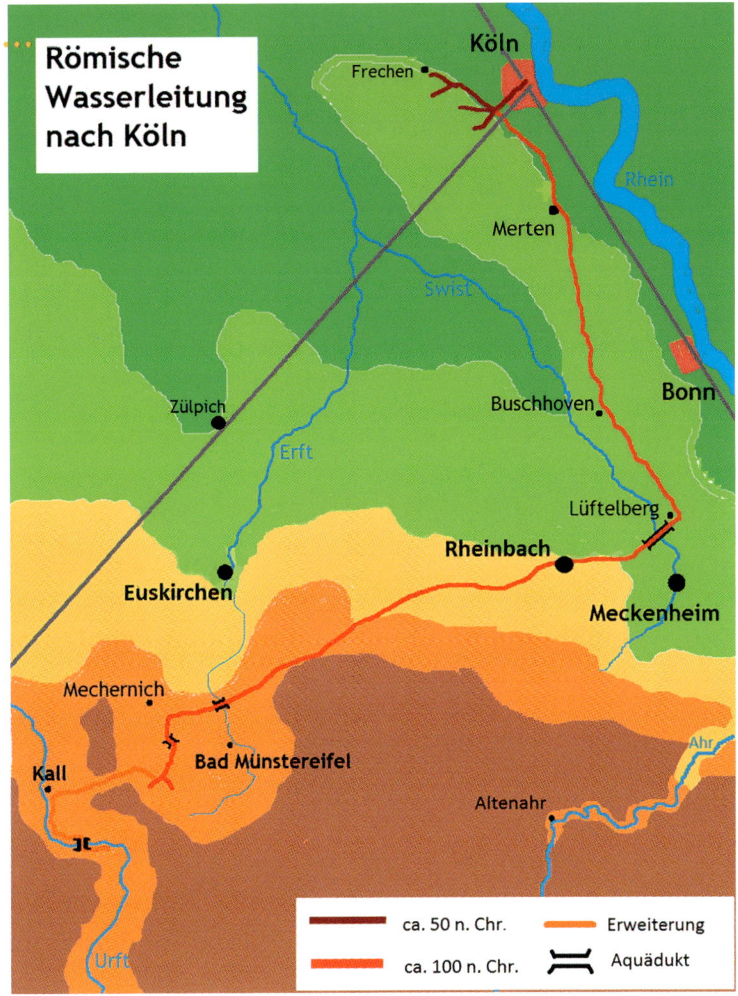

Leitung flossen täglich 20.000 Kubikmeter Wasser nach Köln.

Auf der Strecke waren mehrere Aquädukte zu errichten: ein kleines über die Urft, eines bei Vussem mit etwa 10 Metern Höhe und einer Länge von 75 Metern, eines über die Erft bei Kreuzweingarten, schließlich eine Kanalbrücke, die auf 300 gemauerten Bögen unweit von Lüftelberg den Swistbach querte.

Die römische Wasserleitung führt zwischen Rheinbach und Merten quer durch den Rhein-Sieg-Kreis. Die Leitung verfiel nach der Römerzeit, im Mittelalter verwendete man die Steine und die Blöcke aus Stampfbeton gerne als Baumaterial. An vielen Stellen zeigt noch ein Graben im Wald den Verlauf der Leitung. Ausgrabungen haben erhaltene Teilstücke zugänglich gemacht und konserviert. Ein Römerkanal-Wanderweg ermöglicht es, das Wunderwerk der Antike kennenzulernen. Die nötigen Erläuterungen liefert ein bestens ausgestattetes Informationszentrum in Rheinbach, entlang des Weges weisen Tafeln auf Wissenswertes hin.

43 Landgut mit Bad
Villa Fortuna in Bornheim

Im Bornheimer Ortsteil Botzdorf wurde 2002 ein neues Wohngebiet erschlossen. Durch Bornheim führte die römische Wasserleitung, der Ort war schon zu Römerzeiten und davor besiedelt. Deshalb suchten Archäologen vor dem Baubeginn das Terrain gründlich ab – und sie fanden eine Menge römischer Scherben.

Bei den Ausgrabungen wurden die Reste eines römischen Gutshofs, einer villa rustica, freigelegt. Sie lag auf halber Höhe am Hang inmitten fruchtbaren Lössbodens, hoch über dem Rheintal mit Blick auf das Militärlager Bonn im Süden und die Provinzhauptstadt Colonia Claudia Ara Agrippinensium, das heutige Köln, im Norden. Hier wohnten die Kunden für die landwirtschaftlichen Produkte.

Der Gutsbesitzer lebte mit seiner Familie in einem geräumigen Herrenhaus; darum gruppierten sich Wirtschaftsgebäude und die bescheidenen Wohnstätten der Sklaven und abhängigen Arbeiter. Die Botzdorfer Villa wurde im 1. nachchristlichen Jahrhundert erbaut. Ein etwa 40 Zentimeter großes Relief der Glücksgöttin Fortuna gab dem Gebäude seinen heutigen Namen.

So ein Gutsherr pflegte den gewohnten römischen Lebensstil. So hat man im Rheinland in Römervillen Austernschalen gefunden – das lässt Rückschlüsse auf das effektive Transportsystem zur Römerzeit zu, denn diese mussten ja frisch von der Küste herangeschafft werden. Kaufleute lieferten Wein oder unerlässliche Würzstoffe in tönernen Amphoren aus dem Mittelmeerraum an; wo es das Klima zuließ, so an der Mosel und im Ahrtal, baute man seinen Haustrunk selbst an. Feines rotes Tongeschirr kam aus Köln oder berühmten Töpfereien der Provinz. In Bornheim fand man ein bei einem Brand zusammengebrochenes Geschirr-Regal in einer Küchenkammer; aus den Scherben konnte die vollständische Ausstattung einer Landhausküche rekonstruiert werden.

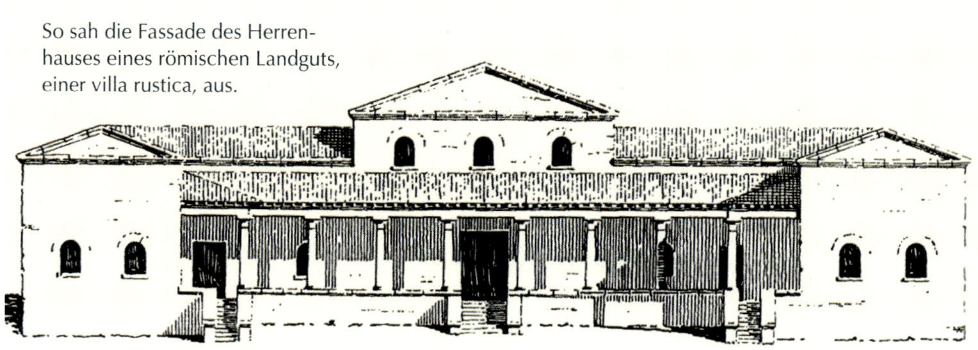

So sah die Fassade des Herrenhauses eines römischen Landguts, einer villa rustica, aus.

Blick in die konservierte Warmluftheizung der villa rustica in Bornheim: Der Boden des Warmbades ruhte auf Ziegeltürmchen. Der Ofen lag außerhalb des Raumes; von dort strich die heiße Luft unter dem Estrich entlang und wurde dann durch Hohlziegel an der Wand nach außen abgeleitet.

Was zum unvermeidlichen Luxus eines römischen Landhauses gehörte, war ein Bad. In Botzdorf ist es über 40 Quadratmeter groß. Es war mit bunten Fresken geschmückt und mit einem halbrunden Gewölbe gedeckt. Zur Badeanlage gehörten ein Warmwasserbecken, ein Becken mit lauem Wasser und eine Kaltwasserwanne, schließlich ein Umkleideraum. Frischwasser wurde in Tonröhren aus einer Quelle am Hang oberhalb des Hauses herangeführt.

Das geruhsame Landleben in der Grenzprovinz des Römischen Reiches wurde durch zunehmende Einfälle der Germanen im 3. Jahrhundert nach Chr. gestört. Nunmehr musste das Bad aufgegeben werden, die Reste des Wohnhauses dienten als Getreidedarre.

In der Spätzeit des Römerreiches verließen die meisten Gutsbesitzer ihre Höfe und siedelten sich in den Römerstädten an, die zum Schutz vor Angriffen mit starken Mauern geschützt wurden.

Im 5. Jahrhundert schließlich waren die Grenzgebiete von der schwachen römischen Verwaltung gegenüber den germanischen Eindringlingen – in unserer Region die Franken – nicht mehr zu halten. Wer noch etwas zu verlieren hatte, zog sich schleunigst nach Italien zurück.

44 Kunst, Wirtschaft und Eurythmie
Alanus Hochschule Alfter

Alfter, der Ort am Rande des Vorgebirges nördlich von Bonn, war bekannt für seinen Spargel und für seinen Brombeerwein. Dort gab es auch eine alte Burg, die im 18. Jahrhundert zum Schloss umgebaut wurde. Den Namen verbindet man heute aber vorzugsweise mit den Stichworten „Kunst" und „Hochschule".

Im Jahr 1973 erwarb ein Verein den „Johannishof" am Rande des Kottenforsts oberhalb von Alfter und richtete dort eine private Kunsthochschule mit zunächst 30 Studenten ein. Die Hochschule vermittelte entsprechend der Anthroposophie Rudolf Steiners die Lehre vom inneren Zusammenhang aller Künste; ihren Namen erhielt sie vom humanistischen Gelehrten Alanus ab Insulis, der im 12. Jahrhundert eine Lehre von der Interdisziplinarität alles Wissens vertrat.

Die Kunsthochschule gab im Laufe der Jahre ihre streng anthroposophische Ausrichtung auf; das brachte ihr 2002 die staatliche Anerkennung als Kunsthochschule ein, an der man neben den rein künstlerischen Fächern weitere wissenschaftliche Fachbereiche studieren kann.

Die Hochschule gliedert sich heute in sechs Fachbereiche. Um den Johannishof entstanden moderne Ateliers, das berufliche Fortbildungszentrum „Alanus Werkhaus", ein Gästehaus und ein Café. Hier sind die künstlerischen Fachbereiche untergebracht. Die lockere Anordnung der Gebäude vermittelt eine anregende kreative Atmosphäre; der einst landwirtschaftliche Charakter wird durch benachbarte Pferdeweiden und die Nähe des Forstes unterstrichen, der Blick schweift von der Höhe über das Rheintal mit der Stadt Bonn.

Nordöstlich des Ortszentrums Alfter entstand 2009 in zukunftweisender Architektur der „Campus II" für die Fachbereiche Bildungswissenschaft, Wirtschaft, Architektur und Kunsttherapie. Die Kunsthochschule wird schwerpunktmäßig von einer privaten Stiftung finanziert. Sie zählt mittlerweile etwa 500 Studierende und 55 Professoren; 2010 erhielt sie das Promotionsrecht in Zusammenarbeit mit anderen nordrhein-westfälischen Universitäten für das Fach Bildungswissenschaften. Von ihrem Selbstverständnis her versteht sie sich „als eine Hochschule für Kunst und Gesellschaft, die die Erforschung und Darstellung anthroposophischer Ideen in einem pluralen akademischen Rahmen zu ihren Freiheiten zählt", wie der Wissenschaftsrat 2010 bestätigte, und die damit einen Beitrag zur Bildungsvielfalt in Nordrhein-Westfalen leistet. 2014 gliederte sich die Hochschule in Mannheim ein Institut für Waldorf-Pädagogik an.

Mit Studierenden und Professoren bereichert die Alanus Kunsthochschule durch vielfältige Kunstaktionen und Ausstellungen in Bonn und darüber hinaus das kulturelle Leben. Praktika versuchen, die Studierenden früh in das Berufsleben zu vermitteln.

Blick auf den „Johannishof", die Keimzelle der Kunsthochschule Alfter, und moderne Ateliergebäude.

45 Ein Rätsel mitten im Wald
Der „Eiserne Mann"

Da steckt mitten im Kottenforst, etwa auf halbem Wege zwischen Alfter und Dünstekoven, an einer Wegekreuzung ein etwa meterhoher eiserner Barren in der Erde. Seltsamerweise ist er kein bisschen verrostet. Ein Zeichen Außerirdischer für ihren Besuch auf der Erde, wie vor 50 Jahren ein Bestsellerautor behauptete? Uralter Kultort oder Wegezeichen an diesem bekannten Rastplatz?

Von jeher gab dieser rechteckige Eisenstab den Heimatforschern genügend Stoff zum Nachdenken. Da steht er nahe an der einstigen römischen Wasserleitung nach Köln (→ HL 42). Sagen ranken sich um ihn, er ist Rastplatz an Wallfahrtswegen und Mittelpunkt für Pfingstbräuche der umliegenden Dörfer.

Die älteste schriftliche Aufzeichnung aus dem Jahr 1625 nennt ihn als Markierung zwischen Dorfgrenzen, dann brachte man ihn mit der Vermessung von Waldschneisen des jagdfreudigen Kurfürsten Clemens August in der Mitte des 18. Jahrhunderts in Verbindung. In der Tat ließ der Fürstbischof in seinem bevorzugten Jagdrevier Kottenforst schnurgerade Wege anlegen, auf denen die berittene Jagdgesellschaft ungehindert der Parforcejagd, der Hetzjagd auf den Hirsch, nachgehen konnte. Das weltberühmte Schloss Augustusburg in Brühl und das verschwundene Jagdschloss Röttgen waren die Ausgangspunkte.

Wissenschaftliche Grabungen 1978 bestätigten diese These. Sie wiesen nach, dass der etwa zwei Meter lange Eisenbarren in der näheren Umgebung in einem mittelalterlichen Holzkohle-Rennofen erschmolzen und gegossen wurde. Seine chemische Zusammensetzung schützt ihn vor Rost.

Warum aber hat man gerade ein wertvolles Stück Eisen zur Vermessung in die Erde gerammt? Offene Frage …

Ein uralter Baumstumpf ganz in der Nähe – da mag der einsame Wanderer im Kottenforst schon mal an Gespenster denken …

Der rätselhafte „Eiserne Mann". ›

46 Stützpunkt für Wanderer und Radfahrer
Bahnhof Kottenforst

Für die Modelleisenbahn gibt es diesen Bahnhof als Bausatz. Braucht es noch weitere Empfehlungen, um dieses Bauwerk, ein Fachwerkhaus mit breit überstehendem Walmdach, als Schmuckstück einzuschätzen?

Im Jahr 1885 erhielt Bonn ein neues Bahnhofsgebäude, repräsentativ aus Buntsandstein in Formen der Neorenaissance. In Bonn, an der rheinischen Landesuniversität, studierten traditionell die Söhne des preußischen Königs- und deutschen Kaiserhauses Hohenzollern; für die hohen Gäste wurde im neuen Hauptbahnhof ein „Kaisersaal" als Warteraum eingerichtet.

Der alte Hauptbahnhof aus dem Jahr 1844 hatte den Bedürfnissen schon lange nicht mehr entsprochen; vor allem aber nahm das Bahnnetz laufend zu. Im Jahr 1880 wurde als neue Nebenstrecke eine Bahnverbindung von Bonn nach Euskirchen eröffnet, das sich zum Eisenbahnknoten Richtung Düren, Trier und Köln entwickelt hatte.

Die Voreifelbahn nach Euskirchen verlief über Duisdorf, Meckenheim und Rheinbach. Mitten im Kottenforst wurde ein Bahnhof gebaut. Ein Dorf gab's da nicht. Dennoch wurde der Haltepunkt architektonisch besonders ausgestaltet: Waren die Bahnhöfe an der Strecke sonst meist als Ziegelgebäude aufgeführt, verwendete man hier Fachwerkarchitektur mit schwarzen Holzstreben und weißen Gefachen.

Der Grund dafür liegt in der Jagdleidenschaft der Herrscher. Von jeher galt der ausgedehnte Forst als bevorzugtes Jagdgebiet der Kölner Kurfürsten, die in Bonn residierten. In der Mitte des 18. Jahrhunderts ließ Fürstbischof Clemens August für die Parforcejagd lange schnurgerade Schneisen mit breiten Wegen durch den Wald schlagen (→ HL 45). Vom Bahnhof aus führt eine dieser Schneisen, die „Schmale Allee", nach Nordwesten in Richtung auf das prachtvolle Sommerschloss Brühl, die „Flerzheimer Allee" zielt gen Nordost auf das frühere Jagdschloss Röttgen, Richtung Südosten führt eine Allee zum „Jägerhäuschen", einem bevorzugten Rastplatz der Jagdgesellschaften im südlichen Teil des Forstes.

Auch die Prinzen aus dem Hause Hohenzollern kamen gern in den Kottenforst. Für sie wurde die Haltestelle als repräsentativer Startpunkt für die Hofjagd ausgestaltet. Am Jägerhäuschen verewigten sich einige von ihnen durch die Pflanzung einer Eiche und einen Gedenkstein zur „Erinnerung an genossene Jagdfreuden".

Heute dient der Bahnhof in erster Linie als Waldgaststätte inmitten des Naturparks Kottenforst-Ville, der sich vom Kölner Süden bis zum Westen Bonns erstreckt. Große Teile sind als Naturschutzgebiete ausgewiesen. Wanderer und Radtouristen schätzen den großen Biergarten als Raststätte unter schattigen Eichen. Züge halten hier im Stundentakt nur noch an Wochenenden und Feiertagen.

Der malerische Bahnhof Kottenforst. Das Bahnhofsgebäude wurde zu einer Gaststätte umgebaut. Im flachen Anbau an den Gleisen befand sich früher ein mechanisches Stellwerk, heute bietet er als Terrasse Ausblick auf die roten Triebzüge.

47 Der Minister und seine Geliebte
Schloss Miel

Das Tal des Swistbaches im Westen des Kottenforsts ist für seine Wasserburgen berühmt. Ein besonders attraktives Beispiel bietet das Rokokoschlösschen Miel, einst der Sitz des Regierungschefs – wie wir heute sagen würden – eines Kölner Kurfürsten.

Das heutige Schloss steht an der Stelle einer im Mittelalter erbauten Ritterburg, die von einem Wassergraben umgeben war. 1767 kam es in den Besitz von Caspar Anton Graf Belderbusch, der als Page am Bonner Hof des Kurfürsten Clemens August eine gründliche Erziehung erhalten hatte und in dessen Diensten zum Vertrauten des Erzbischofs geworden war. 1749, im Alter von 27 Jahren, wurde er zum Komtur des Deutschen Ordens, eines Ritterordens, ernannt. Diese Stellung brachte ihm enorme Einkünfte – allerdings durfte er sich als Angehöriger des geistlichen Ordens nicht verheiraten.

Der Nachfolger im Amt des Kurfürsten, Maximilian Friedrich von Königsegg, übernahm Belderbusch 1761 in seine Dienste und erhob ihn zum Geheimen Konferenzminister und zum Premierminister. Caspar Anton von Belderbusch brauchte nunmehr eine standesgemäße Residenz; die fand er in Miel. Mit Hilfe des kurfürstlichen Hofbaumeisters Johann Georg Leydel ließ er sich dort zwischen 1768 und 1771 nach den modernsten Vorbildern am französischen Hofe eine „Maison de Plaisance" errichten. Der Bau in Miel zeigt ein besonderes Zugeständnis an die Bequemlichkeit und Wirtschaftlichkeit: Die Bediensteten und Gäste wurden nicht in irgendwelchen Nebengebäuden untergebracht, sondern in einem direkt an die Repräsentationsräume angebauten Seitenflügel – dafür hat man sogar die Symmetrie in der Schlossfassade gebrochen.

Und noch eine Besonderheit kam hinzu: Belderbusch hatte sich in die jüngere Schwester seiner Schwägerin verliebt. Die adelige Dame, Caroline Gräfin von Satzenhofen, war Äbtissin des Stifts Vilich gegenüber von Bonn. Als Stiftsdame durfte sie Besitz haben und war nicht zu klösterlichem Leben verpflichtet, durfte sich aber ebenfalls nicht verheiraten … Am Bonner Hof war das Verhältnis der beiden natürlich Klatschgespräch. In der Ruhe des Dörfchens Miel war das anders: Der Minister ließ für seine Geliebte ein Zimmer im Schloss einrichten, gleich neben dem Gartensaal. Und die Verbindung der Familienwappen Belderbusch und Satzenhofen hoch über dem Schlosseingang musste man ja nicht persönlich nehmen – das galt ja auch für die Familie.

Schloss Miel hat sich über viele Erbfälle hinweg nahezu unverändert erhalten und konnte einen wichtigen Teil seiner Ausstattung bewahren. Heute hat sich ein Golfclub des vorbildlich renovierten Gebäudes und der Parkanlagen angenommen und erhält das noble Ambiente des Ortes.

Schloss Miel von der Seite des Parks, der heute zu einer exklusiven Golfanlage umgestaltet ist.

48 Religiöser Wahn
Der Hexenturm in Rheinbach

Der Besucher Rheinbachs hält gleich zu Beginn seines Rundganges durch die Altstadt verdutzt inne: Gegenüber romantischen Fachwerkbauten steht er plötzlich vor dem hohen Hexenturm. Treiben hier Zauberwesen in der Walpurgisnacht ihr Unwesen?

Der Name verweist vielmehr auf die Zeit zwischen der Mitte des 16. und der Mitte des 17. Jahrhunderts, der Epoche der konfessionellen Auseinandersetzungen.

Der Ort Rheinbach mit seiner Burg gehörte seit 1246 zum Erzstift Köln. Die Stadt wurde am Ende des 13. Jahrhunderts gegründet und mit einer Mauer versehen. Sie lag an der alten Handelsstraße von Sinzig am Rhein nach Aachen und lebte neben der Landwirtschaft auch von Handel und Gewerbe, vor allem den Wollwebern.

Seit 1583 besetzten Prinzen aus dem bayerischen Hause Wittelsbach den Bischofsthron in Köln. Sie setzten sich dafür ein, den katholischen Glauben im Westen des Reiches zu stärken. Dieses Anliegen vertrat insbesondere Kurfürst Ferdinand, Kölner Erzbischof von 1612 bis 1650. Er förderte die Wallfahrten, erbaute Kirchen und berief die Jesuiten nach Köln und Bonn, wo sie sich vor allem um die Höhere Bildung kümmerten.

Fürchterliche Begleiterscheinung des religiösen Eifers jener Zeit war die Verfolgung von Hexen und Zauberern. Oft genügte schon die Verleumdung einer unwillkommenen Person in einem Ort – vor allem Frauen, aber auch Männer fielen dem zum Opfer. Schon das Alte Testament bedrohte Zauberei mit dem Tode. Kapitalverbrechen wurden nach der „Carolina", der Gerichtsordnung Kaiser Karls V. von 1532, geahndet – die Folter zählte zu den gängigen Methoden, Geständnisse zu erlangen.

Es gab im Erzstift Köln eine eigene kurfürstliche Hexenprozessordnung aus dem Jahre 1607, die 1628 neu aufgelegt wurde. Als besonders eifriger Verfolger tat sich da Dr. Franz Buirmann hervor, der Hexenkommissar am Bonner Gericht. Unter der Folter ließen sich die Beschuldigten zu Geständnissen bewegen, die ihnen den Tod auf dem Scheiterhaufen brachten. Im Rheinland spricht man von 1.000 Opfern der Hexenverfolgungen.

Die Hexenprozesse im Kölner Erzstift begannen 1626. Besonders genau informiert sind wir über die Vorgänge in Rheinbach. Das hängt damit zusammen, dass ein Rheinbacher Bürgermeister, Hermann Löher, seine Erlebnisse in einer Schrift „Wemütige Klage der Frommen Unschültigen" niederlegte.

Löher gehörte der Rheinbacher Oberschicht an. Als Schöffe war er 1631 zunächst selbst an Prozessen beteiligt. In Rheinbach eskalierten diese Prozesse zu einem Machtkampf innerhalb der städtischen Führungsschicht. Nach fünf Jahren waren von sieben Schöffen fünf verurteilt oder geflohen. Selbst der Vogt der Stadt büßte sein Leben ein.

Der Hexenturm in Rheinbach, einst der Bergfried der Burg aus dem 13. Jahrhundert. Im Verlies wurden zur Zeit der Hexenprozesse die Gefangenen eingekerkert.

Auch Löher und seine Familie gerieten schließlich ins Visier der Verfolger. Löher rettete sich durch die Flucht über Wesel nach Amsterdam und konnte dort ein neues Leben beginnen. Im Alter von 80 Jahren erleichterte er sein Gewissen durch die Anklageschrift.

Die Welle von Hexenverfolgungen, die sich nicht auf katholische Regionen beschränkte, war da schon abgeebbt. Das Buch Löhers blieb weitgehend unbekannt; größere Wirkung erzielte der Jesuit und Theologieprofessor Friedrich Spee von Langenfeld, der 1631 mit seiner Schrift „Cautio Criminalis" wirksam rechtliche Bedenken gegen Hexenverfolgungen und die dabei erzwungenen Geständnisse vorbrachte.

Ein Gedenkstein für Hermann Löher, der von seinem Sohn 1685 aufgestellt wurde, findet sich auf dem St.-Martin-Friedhof in Rheinbach.

49 Böhmisches Erbe
Glasstadt Rheinbach

Den Titel „Glasstadt“ hat Rheinbach nicht etwa wie Zwiesel im Bayerischen Wald von bedeutenden Rohstofflagern an Quarzsand oder von einer über tausendjährigen Handwerkstradition wie im venezianischen Murano. Er geht vielmehr zurück auf eine der Folgen des Zweiten Weltkrieges.

Rheinbach, ein eher ländlich geprägtes Städtchen, hatte im Zweiten Weltkrieg unter schweren Zerstörungen zu leiden – es lag an der Vormarschroute der 9. Amerikanischen Panzerdivision zum Rhein. Beim Wiederaufbau der zerstörten Städte und dem Versuch, das Wirtschaftsleben wieder anlaufen zu lassen, wirkten auch die Flüchtlinge und Heimatvertriebenen aus dem Osten tatkräftig mit. Viele Familien aus den schlesischen und nordböhmischen Gebieten mit hochentwickelter Glasindustrie suchten sich im Westen wieder zu sammeln und einen Neubeginn zu wagen. Bekannt ist die Glas- und Schmuckherstellung in Neu-Gablonz, einem Ort, der in der Nähe des bayerischen Kaufbeuren auf dem Gelände einer Munitionsfabrik neu gegründet wurde.

In Rheinbach trafen sich Unternehmer, Glasfacharbeiter und Lehrer der Glasfachschule Steinschönau/Haida aus dem Sudetenland. Ihre Initiativen wurden unterstützt vom Rheinbacher Bürgermeister, der darauf bedacht war, in Rheinbach „schornsteinlose Industrien“ anzusiedeln, und nicht zuletzt von der Landesregierung Nordrhein-Westfalens. 1947 beschloss das Kabinett in Düsseldorf, in Rheinbach eine Glasfachschule zu gründen.

Sie wurde am 1. April 1948 eröffnet. In ihr wirkten Lehrkräfte der früheren, 1856 im böhmischen Steinschönau am Fuße des Riesengebirges gegründeten weltweit ersten Glasfachschule, die 1926 mit der nur wenig jüngeren Glasfachschule im benachbarten Haida zusammengelegt wurde. Beide Schulen hatten Anteil am Ruhm der böhmischen Glaskunst. In den waldreichen Gegenden vor allem im Norden und Westen Böhmens mit seinen mineralreichen Mittelgebirgen hatten sich Glashütten und Glasbläser niedergelassen. Zunächst orientierten sie sich an den Glanzstücken venezianischen Glases, seit der Barockzeit belieferten sie die Adelshäuser Europas mit farbigen, kunstvoll geschliffenen Vasen und Krügen wie auch mit schweren Kristalllüstern.

Der Lehrbetrieb begann in Rheinbach zunächst mit 30 Schülern. Lehre verlangt nach Ergänzung durch die Praxis: In den 50er-Jahren gab es in und um Rheinbach bereits 35 Werkstätten zur Glasveredelung, eine Fabrik für Kristalllüster und vier Glashütten. 1964 konnte die Schule in einen Neubau im Süden Rheinbachs umziehen.

Die Staatliche Glasfachschule betreut heute Studierende und Praktikanten in einer ganzen Reihe von Bildungsgängen; das reicht von der Berufsfachschule für Glastechnik und Glasgestaltung über Fachoberschulen für Gestaltung und Medien/Kommunikation bis zum Beruflichen Gymnasium Kunst und Gestaltung.

Schwebende Architektur für die Glasstadt: der Ausstellungspavillon „Hans-Schmitz-Haus" im Glaszentrum Rheinbach zwischen der Stadthalle und der Staatlichen Glasfachschule. Der Pavillon wurde 2000 eröffnet und bietet den transparenten Rahmen für Ausstellungen und Veranstaltungen rund um das Glas, insbesondere die jährliche Überreichung des Rheinbacher Glaskunstpreises.

Auswärtige Schüler werden in einem eigenen Wohnheim beherbergt. Mit der Glasfachschule im einstigen Steinschönau, heute Kamenicky Senov, pflegt die Rheinbacher Schule seit 1996 enge Kontakte, die 2002 zu einer Partnerschaft zwischen den Städten ausgeweitet wurde.

Die „Glasstadt Rheinbach" wäre nicht komplett ohne ihr Glasmuseum: Anschauungsmaterial für die Schüler, Impuls für Kreativität, Dokumentation der Erfolge. 1968 entstand es aus einer privaten Initiative „Freunde edlen Glases" und erhielt bald Zuwachs durch reichhaltige Sammlungen und Stiftungen. 1980 übernahm die Stadt Rheinbach die Trägerschaft. Sie spendierte dem Museum 1989 im neu eingerichteten Kulturzentrum „Himmeroder Hof" gleich neben der Burg ein neues Ausstellungsgebäude. Im umgebauten Fachwerk-Zehnthof des Klosters Himmerod in der Eifel erhielt das Museum neue Ausstellungsräume für seine reichhaltige Sammlung böhmischer Gläser mit einem Schwerpunkt im 19. Jahrhundert und der Zeit des Jugendstils. Im Museumsshop stellen ortsansässige Glaskünstler moderne Werke zum Verkauf aus, in einer Offenen Museumswerkstatt kann man Handwerkern bei ihrer Arbeit zuschauen. Sonderausstellungen sind Themen zur Geschichte bunter Gläser wie auch Kreationen modernen Studioglases gewidmet.

50 Schutz für die Kaiserstraße
Die Tomburg

Über die Höhen der Voreifel westlich von Rheinbach ragt eine kleine bewaldete Bergkuppe hervor, auf der von fern ein dicker schwarzer Stift zu erkennen ist. Wenn man näherkommt, sieht man die sich vor dem Himmel abzeichnenden Umrisse eines Burgturmes. Ein Platz wie geschaffen für einen Beobachtungsposten.

Den Beobachtungsposten hatten in der Tat offenbar schon die Römer bezogen, darauf lassen Funde zahlreicher Münzen und Ziegelscherben schließen. Der Tomberg ist die am weitesten nach Norden vorgeschobene Basaltkuppe eines Eifelvulkans der Tertiärzeit. Mit einer Höhe von 316 Metern überragt er die breite Talsenke des Swistbachs.

Die niederlothringischen Pfalzgrafen aus dem Geschlecht der Ezzonen – sie sind uns in Siegburg schon begegnet (→ HL 26) – errichteten im 10. Jahrhundert auf dem Tomberg eine Burg, die nach dem Aussterben des Geschlechts an das Erzstift Köln fiel. Von hier aus kann man das Swisttal in seiner ganzen Breite überblicken.

Heute verläuft hier die Autobahn 61 – eine Hauptverkehrsader. Was heute die Autobahn bedeutet, leistete seit der Zeit der Karolinger im 9. Jahrhundert die Handelsstraße von Frankfurt nach Aachen. Sie verließ bei Sinzig das Rheintal, erklomm bei Bodendorf im Ahrtal den Höhenzug mit der Wasserscheide zwischen Rhein und Maas und führte etwa in gerader Linie über Fritzdorf, Rheinbach, Euskirchen nach Düren und dann über Eschweiler nach Aachen. Traditionell hieß diese Verbindung auch „Krönungsstraße" oder „Kaiserstraße". Ein Deutscher König wurde von den Kurfürsten in Frankfurt gewählt und zog dann mit seinem Gefolge nach Aachen, um dort auf dem Thron Karls des Großen die Krone zu empfangen. Um die wichtige Straße zu sichern, lagen überall entlang des Weges Königshöfe und Burgen – die Tomburg ist eine von ihnen. Wer die Herrschaft Tomburg besaß, kontrollierte den Zugang in die Bördelandschaft um Zülpich.

Der Kölner Erzbischof übertrug die Herrschaft an die Grafen von Kleve, die auf der Burg ein Rittergeschlecht als Lehensträger einsetzte, das sich nach der Burg benannte. Im 13. Jahrhundert errichteten die Tomburger eine starke Burg mit einem runden Bergfried. Im Hochmittelalter verwickelten sie sich in Erbstreitigkeiten und Fehden mit den Nachbarn. Als sie sich auf eigene Faust ihre Rechte zu verschaffen suchten und Kaufleute auf der Handelsstraße überfielen, verfolgte sie der Herzog von Jülich als Raubritter. Er ließ die Tomburg belagern und 1473 zerstören. Seitdem wurde sie nie wieder aufgebaut.

Die Ruine diente den umgebenden Orten als Steinbruch; Basaltabbau engte den Burgberg immer stärker ein. Heute gehört die Ruine Tomburg der Stadt Rheinbach. Sie ist ein touristisch gut erschlossenes historisches Denkmal, die wertvolle Trockenflora in den alten Steinbrüchen ist unter Naturschutz gestellt.

Der Bergfried der Tomburg mit seinen über 2 Meter dicken Mauern aus Basaltsteinen ist heute noch über 16 Meter hoch. Sein Umfeld ist übersät mit dicken Mauerbrocken, die als Zeugen der Sprengung im 15. Jahrhundert übrigblieben. Ausgrabungen haben einige Grundmauern freigelegt, erhalten blieb der 10 Meter tiefe Brunnen.

51 Die Blütenkönigin der Voreifel
Obstbau in Meckenheim

Einmal jährlich versammeln sich im Herbst „Apfelköniginnen" als Vertreterinnen der großen deutschen Obstbaugebiete im Kanzleramt in Berlin, um das Bundeskabinett mit Obst zu versorgen. Die Meckenheimer „Blütenkönigin" gehört dazu – Repräsentantin eines Wirtschaftszweiges, des Obst- und Gartenbaus, der im Rhein-Sieg-Kreis von großer Bedeutung ist.

Meckenheim liegt in der „Voreifel"; so heißt der Teil des Flachlandes zwischen Ville und Kottenforst im Osten und den bewaldeten Eifelhöhen im Westen. In der Senke am Südrand der großen niederrheinischen Tieflandsbucht lagerten sich über Millionen Jahre Kies, Sande und Tone ab. Sie wurden in der Eiszeit von Löss überdeckt, fruchtbarem Boden, der von Winden aus Steppengebieten herangeblasen wurde.

Diese geologischen Bedingungen sind ausschlaggebend für die Landwirtschaft in diesem Gebiet seit der Zeit der Römer, vorwiegend Getreideanbau in der Zülpicher Börde im Norden, Obst- und Gartenbau im Süden. Hinzu kommt ein günstiges Klima - durchaus noch atlantisch geprägt, die Berghöhen im Westen halten Wolken und zu viel Regen ab und erhöhen die Sonnenscheindauer.

Der durch das Klima begünstigte Obstanbau diente früher vor allem der Eigenversorgung. Obstbäume umgaben jeden Bauernhof und ergänzten die Ernährung auch im Winter mit Trockenfrüchten. Erst im 19. Jahrhundert brachten die Industrialisierung und das Wachstum der Städte eine erhöhte Nachfrage; hier waren vor allem die Großstadt Köln und das nahegelegene Bonn Absatzgebiete. Gleichzeitig bemühten sich die aufkommenden Landwirtschaftlichen Akademien und Schulen um eine Verbesserung der Baumpflege und die Züchtung neuer Sorten.

Das Obstanbaugebiet in der Voreifel findet rechts des Rheins eine Entsprechung im Pleiser Ländchen im Windschatten des Siebengebirges. Findige Landwirte verlegten sich auf den Obstbau; um 1900 entstanden erste Baumschulen in Meckenheim, Merten und Oberpleis, die Bauern mit ertragreichen Sorten versorgten.

Deutschlandweiten Ruf als Obstbau-Pionier erwarb sich Otto Schmitz-Hübsch aus Merten. Er entwickelte zu Beginn des 20. Jahrhunderts den Anbau von Kernobst nicht mehr als Hochstamm, sondern in der Form von Buschbäumen. Die ließen sich ohne Leitern beschneiden und abernten und brachten bessere Qualitäten. Der 1935 von ihm entwickelte „Spindelbaum", eine Art des Baumschnitts in Form von Niederstämmen, ist heute in allen Obstkulturen üblich.

Zwischen Fritzdorf, Swisttal und Bornheim reihen sich so Obstplantagen und Baumschulen. Vielbesuchte Obsthöfe locken das Publikum mit den regionalen Produkten, zahlreiche Bauern verkaufen in Hofläden direkt an die Kunden. Ökologischer Landbau sucht die mit der Monokultur und den maschinenbewirtschafteten

Birnenplantage im Meckenheimer Obstanbaugebiet. Die Bäume zeigen die Form der schwachwüchsigen Spindel; Pfähle geben den niedrigen Stämmen den festen Halt. Für heiße Tage ist eine sparsame Tröpfchen-Bewässerung angelegt.

Plantagen verbundenen Schäden an Fauna und Flora zu vermeiden.

Mittendrin hat die Universität Bonn im Gut Klein-Altendorf auf einer Fläche von 176 Hektar mit zahlreichen Instituten der Land- und Gartenbauwissenschaften ihre „Außenlabore“ zusammengefasst. Die interdisziplinäre Forschung sucht Wissenschaft und Wirtschaft, Gartenbau und Landschaftspflege, Pflanzenanbau und Technik zu vernetzen.

Für den Tourismus in der Region ist der Fahrradwanderweg „Rheinische Apfelroute“ von Bedeutung, der als über 120 Kilometer langer gut markierter Rundkurs das Obst- und Gemüseanbaugebiet durchquert. Er kann in familiengerechten einzelnen Schleifen absolviert werden; von Gaststätten über Informationspunkte bis zur Radwerkstatt findet der Ausflügler alles Nötige an der Strecke.

Zurück zur „Blütenkönigin“: Meckenheim präsentiert Ende April mit Musik und Unterhaltung beim „Blütenfest“ seine Obsthöfe; Bornheim feiert im Juni das Spargelfest, Wachtberg lädt ein zur Streuobstwiesentour – um nur einige zu erwähnen – für Feste ist das Jahr über gesorgt. Rechts des Rheins beteiligt sich Oberpleis mit der „Apfelwoche“ im September.

52 Ton und Lebensart
Töpferort Adendorf

Der Rhein-Sieg-Kreis und die Töpfer: Das war historisch schon immer eine enge Beziehung. Siegburger Steinzeug wurde vom Kölner Handel europaweit vertrieben (→ HL 29), dann ließen sich Siegburger Töpfer im Westerwald nieder, und im 18. Jahrhundert kamen Westerwälder wieder zurück, um in Adendorf die großen Tonvorkommen zu nutzen.

Die Tongrube Adendorf liegt südwestlich des Orts in der breiten Talsenke des Swistbachs. Vor etwa 20 Millionen Jahren hatte sich hier, am Südrand der Kölner Tieflandsbucht, eine flache Senke befunden, in der sich feiner Schlamm ablagerte, der sich bis heute in eine 65 Meter dicke Schicht von hellgrauem Ton verwandelt hat. Sie ist auch unter den Archäologen bekannt, da sich unter dem Ton dünne Schichten von Braunkohle finden, in denen sich zahlreiche Samen und Zapfen längst ausgestorbener Baumarten als Fossilien erhalten haben. Sie verweisen auf ein feuchtheißes Klima, in dem ein Lorbeerwald wuchs, wie wir ihn heute noch in den Subtropen finden.

In Adendorf gab es seit dem 14. Jahrhundert eine Wasserburg. Sie kam im 15. Jahrhundert in den Besitz der Freiherrn von der Leyen, eines Adelsgeschlechts, das im Moselraum ansässig ist und dort im 17. Jahrhundert zwei Trierer Erzbischöfe stellte. 1653 war Hugo Ernst von der Leyen in den Reichsfreiherrenstand erhoben worden, auch die Herrschaft Adendorf wurde reichsunmittelbar. Dem neuen Stande entsprechend ließ der Adelige seine Burg Adendorf zu einem zeitgemäßen Renaissanceschloss ausbauen. Auf dem Grundriss der mittelalterlichen Burg entstand eine regelmäßige Vierflügelanlage, an die Stelle der Wehrtürme an den Ecken traten zierliche Erker, die Vorburg erhielt eine zum Herrenhaus hin offene Dreiflügelform.

Wasserschloss Adendorf: Blick auf das Herrenhaus mit den spätgotischen Erkern.

Im Schaufenster einer der Adendorfer Töpfereien sind Muster aus der aktuellen Kollektion in attraktiven Glasuren arrangiert.

1743 ließ Friedrich Ferdinand von der Leyen, der in einem Palais in Koblenz residierte, zwei Töpferfamilien aus dem Westerwald nach Adendorf kommen. Die Töpfer im Westerwald litten damals Not: Sie hatten unter Kriegsfolgen zu leiden, das Gewerbe war überbesetzt, strenge Zunftordnungen hemmten die Gewinnmöglichkeiten der Handwerker. In Adendorf gab es guten Ton von ähnlicher Konsistenz wie die Vorkommen im Westerwald. Der Burgherr genehmigte den Bau von zwei Brennöfen, der nahe Kottenforst lieferte das Brennholz. Für einen Brand waren mehrere Festmeter Eichenholz nötig – zweimal jährlich durfte gebrannt werden. Bonn und Köln lagen als Absatzorte ganz in der Nähe. Weitere Familien zogen zu; damit war der Grund für die Töpfertradition in Adendorf gelegt. Sie hat sich bis heute in einer kleinen Zahl von Betrieben erhalten, die neben Gefäßen in der traditionellen Westerwälder Salzglasur auch hochmoderne Designstücke anbieten.

Schloss Adendorf ist seit 1829 im Besitz der Familie von Loe aus Wissem (→ HL 35). Das vorbildlich renovierte Anwesen gehört zu den größten und besterhaltenen Wasserburgen im Swisttal. Berühmt ist im Sommer die „Landpartie Burg Adendorf", eine Messe für Gartenkultur, Mode und Kulinarik, die 25.000 Besucher anzieht.

53 Das alte Zentrum des „Ländchens"
Wasserburg Gudenau

Der Godesberger Bach fließt vom linken Hochufer des Rheintals durch ein tief eingegrabenes Tal herab. Sein starkes Gefälle wurde einst von fünf Mühlen genutzt. Oben auf der Höhe, am Rande des Kottenforsts, spaltet er sich in drei Quellbäche; genau dort nutzte man im Mittelalter den Wasserreichtum, um einen kleinen See mit einer Burg anzulegen.

Die Grafen von Aare waren es, die hier, neben dem Dorf Villip, zu Beginn des 13. Jahrhunderts eine Wasserburg errichten ließen. Von hier aus konnten der Verkehr auf der Straße von Godesberg nach Rheinbach und der Weg nach Süden über Fritzdorf kontrolliert werden. 1247 erlangten die Kölner Erzbischöfe die Lehenshoheit. Über verschiedene Erbgänge fiel die Anlage 1402 an die Grafen von Drachenfels, die Gudenau zum Mittelpunkt einer Herrschaft machten, die von Bachem über Berkum bis Villip reichte – die Entstehung des „Drachenfelser Ländchens", dessen Erbe heute die Gemeinde Wachtberg angetreten hat.

Bedeutendster Herr von Gudenau war in der Mitte des 16. Jahrhunderts Graf Otto Waldbott von Bassenheim. Er verstand es, den Grundbesitz der Herrschaft bedeutend zu erweitern, und er baute die Wasserburg zu einem stattlichen Herrschaftssitz der Renaissance aus. An den alten viereckigen Wohnturm, der heute an seinem geschweiften Dach zu erkennen ist, wurde ein Herrenhaus mit einem viereckigen Innenhof und zwei Türmen angebaut. Die Vorburg mit den Scheunen und Wirtschaftsbauten und den beiden runden Wehrtürmen lag bis dahin auf einer eigenen Insel. Der dazwischenliegende Graben wurde aufgefüllt und mit einem massigen Viereckturm überbaut, der die Einfahrt bildet und heute noch die Anlage überragt.

Die Wasserburg Gudenau im Luftbild. Links das Herrenhaus, rechts die frühere Vorburg, die einen geräumigen Innenhof umschließt. Gebäude der neuen Vorburg sind rechts oben zu erkennen. Die Brücke über den Wassergraben führt zum Barockgarten.

Jetzt war für größere Wirtschaftsbauten eine neue Vorburg nötig: sie wurde, ebenfalls von Gräben umgeben, auf der Ostseite Richtung Villip angefügt und durch einen eigenen Torturm geschützt. In der Mitte des 17. Jahrhunderts erhielt Gudenau nach Westen hin noch einen terrassenförmig angelegten Garten mit Teichen, Springbrunnen und Grotten, den man über eine Zugbrücke betreten konnte. 1660 stieg die Herrschaft Gudenau zu einem selbstständigen Territorium des Heiligen Römischen Reiches auf.

Die Wasserburg Gudenau wurde in den napoleonischen Kriegen in Mitleidenschaft gezogen. Das Anwesen ging dann durch viele Hände. 1882 erwarb es der Kölner Industrielle Franz Carl Guilleaume, der in den Mühlheimer Carlswerken Drahtseile und Kupferdrähte produzierte. Dann ging der Besitz über an eine Urenkelin, eine Gräfin von Strassoldo. Die neuen Eigentümer ließen die Burg vorbildlich renovieren; in der Vorburg sind heute exklusive Wohnungen vermietet.

Burg Gudenau ist die größte der Wasserburgen im westlichen Bonner Umland, ein Vorzeigestück der Gemeinde Wachtberg. Von kunsthistorischer Bedeutung ist vor allem der unverändert erhaltene Barockgarten.

54 Von Holzem nach Neapel
Der Tenor Anton Raaff

Da macht ein Mann als Tenor Karriere an der Gesangsschule des Kastraten Bernacchi in Bologna, feiert Triumphe in Neapel, in Madrid und am Kaiserhof in Wien und beendet sein Leben als Opernsänger in München. Aufgewachsen ist er auf dem Kranhof in Holzem, einem Dörfchen nahe der Straße von Godesberg nach Rheinbach. Wie kommt man zu so einem Lebenslauf?

Nun, der Papa war Verwalter im nahegelegenen Schloss Gudenau (→ HL 53), von dem aus das „Drachenfelser Ländchen" verwaltet wurde. Darin residierte damals der kurkölnische Obristhofmarschall Graf Max Hattard von Waldbott-Bassenheim. Papa Raaff schickte seinen 1714 geborenen Sohn auf das Jesuitengymnasium in Bonn, eine hochgeachtete Ausbildungsstätte. Dort fiel der kleine Anton schon bald durch seine schöne Stimme auf. Die Jesuiten führten jedes Jahr ein Drama in lateinischer Sprache auf; 1726/27 sang der kleine Anton darin eine Titelrolle. Dort sah ihn der Kölner Kurfürst, der aus der nahegelegenen Bonner Residenz gerne zu den Aufführungen als Zuschauer kam, und behielt ihn künftig im Auge.

Anton Raaff erhielt nach seiner Schulzeit eine Anstellung als Hofmeister des Grafen Waldbott-Bassenheim und sang dort auf den Kammerkonzerten im Schloss Gudenau. 1736 wurde er „Hof- und Cammermusicus" am kurkölnischen Hof und übernahm vielbeklatschte Rollen in den dort aufgeführten italienischen Dramen und Oratorien. Die Protektion des Kurfürsten Clemens August aus dem Hause Wittelsbach eröffnete Raaff schließlich den Weg über München an die Gesangsschule in Bologna zur professionellen Opernausbildung beim weltberühmten Kastraten Antonio Bernacchi. Atemtechnik, Stimmbildung und der Gesang diffiziler Koloraturpartien standen dort auf dem Stundenplan.

Als Operntenor kehrte Raaff an den Bonner Hof zurück, an dem er 7 Jahre lang wirkte. Damals dokumentierte er seine Frömmigkeit durch die Stiftung einer dem heiligen Nepomuk geweihten Kapelle, die er 1744 neben dem väterlichen Hof in Holzem errichten ließ.

Nach einem Aufenthalt am Hofe der Kaiserin Maria Theresia in Wien lockten neue Angebote den Tenor nach Italien. Er feierte Triumphe an den Königshöfen von Portugal und Spanien, von 1750 bis 1760 hatte er ein Engagement an der Oper von Neapel, der Residenz der Könige „beider Sizilien", damals der „Wallfahrtsort" aller berühmten Musiker der Zeit.

Fürstlich besoldet zog Anton Raaff schließlich 1770 an den Hof des wittelsbachischen Kurfürsten Karl Theodor von der Pfalz nach Mannheim. Dort war nach den Zerstörungen des Pfälzischen Krieges eine planmäßig angelegte Stadt entstanden, die zentral auf die riesige kurfürstliche Residenz ausgerichtet war – ein Muster der Architektur zur Zeit des Absolutismus. Die Pfälzer Kurfürsten suchten ihren

An der von Anton Raaff gestifteten Kapelle in Holzem erinnert eine Gedenktafel an den berühmten Sänger: Detailansicht.

Ruhm vor allem durch die Musikpflege zu erhöhen. Sie riefen die besten Solisten und Komponisten ganz Europas nach Mannheim. Kurfürst Karl Theodor stellte den berühmten Geigenvirtuosen Johann Stamitz als Konzertmeister der Hofmusik an. Stamitz vor allem entwickelte die in der Musikgeschichte bekannte „Mannheimer Schule“: Sie legte den Grund für die Symphonie der Klassik, die dann von Joseph Haydn und seinen Schülern perfektioniert wurde.

Bezeichnenderweise traf Anton Raaff in Mannheim mit dem jungen Wolfgang Amadeus Mozart zusammen, den er als väterlicher Freund begleitete. Mozart schrieb ihm eine Paraderolle in seiner Oper „Idomeneo“, mit der Raaff dann trotz seines für einen Tenor hohen Alters auf der letzten Station seiner Karriere 1781 in München brillierte.

1797 verstarb Anton Raaff in München, wo er auf dem alten „Südlichen Friedhof“ sein Grab fand. Die Gemeinde Wachtberg, zu der Holzem heute gehört, ehrt ihren großen Sohn jährlich durch ein Konzert in den „Wachtberger Kulturwochen“.

55 Bonns Ohr ins Weltall
Das Radom in Wachtberg

Ohr ins Weltall – oder lieber Auge? Dem Physiker ist diese umgangssprachliche Wendung ziemlich egal. Radiowellen oder Lichtwellen – es handelt sich jedes Mal um elektromagnetische Wellen; diejenigen, mit denen man in Wachtberg arbeitet, haben so hohe Frequenzen und so schwache Signale, dass wir sie mit unseren Sinnesorganen weder sehen noch hören können.

Jeder Wanderer kennt die weiße Kugel, die auf den linksrheinischen Höhen thront, unweit der kleinen Basaltkuppe auf dem Wachtberg. Der gab der 1969 bei der Gebietsreform neu gebildeten Gemeinde seinen Namen – 13 Gemeinden wurden zusammengelegt: Bachem, Berkum und Villip vom einstigen Kreis Bonn, Adendorf, Fritzdorf und Arzdorf vom einstigen Kreis Rheinbach; Verwaltungsmittelpunkt mit dem Rathaus ist Berkum. Die Gegend, das „Drachenfelser Ländchen", erhielt seinen Namen vom Grafengeschlecht, das auf dem Drachenfels und auf der Burg Gudenau (→ HL 53) seinen Sitz hatte. Wachtberg mit seiner Höhenlage und der fantastischen Aussicht auf das Siebengebirge ist ein bevorzugter Wohnort vieler Bonner Beamter und Angestellter; in den nahe an Godesberg gelegenen Gemeindeteilen gab es zu Hauptstadtzeiten auch Botschaften und Residenzen. Anteil am Wissenschaftsstandort Bonn hat Wachtberg mit dem Fraunhofer-Institut für Hochfrequenzphysik und Radartechnik.

Die Anlage hatte ihre Anfänge in einem Forschungsinstitut für angewandte Radartechnik. 1965 wurde mit dem Bau einer beweglichen Radarantenne mit 35 Metern Durchmesser begonnen. Sie wird vor Witterungseinflüssen durch eine kugelförmige Schutzhülle gesichert. Diese Hülle wird mit dem englischen Begriff „Radom" bezeichnet, einer Wortneubildung aus „Radar" und „dome".

In enger Zusammenarbeit mit dem Verteidigungsministerium hatte die Radaranlage zunächst die Aufgabe, Starts interkontinentaler Raketen zu entdecken und zu verfolgen. Bald kam die Lokalisierung und Vermessung von Satelliten und ihrer Bahnen hinzu. Dieses Tätigkeitsfeld gehört immer noch zu den Schwerpunkten.

Seit 2009 ist das Forschungsinstitut der Fraunhofer-Gesellschaft angegliedert. Rund 300 Mitarbeiter sind in Wachtberg tätig. Die Grundlagenforschung findet in Zusammenarbeit mit verschiedenen Universitäten und in internationaler Kooperation statt. Im Fokus der Arbeit steht neben der Forschung die Anwendung der Erkenntnisse in praxistauglichen Verfahren. Neben dem militärischen Bereich steht dabei die zivile Technik.

Das Institut ist in sechs Geschäftsfeldern tätig. Eine große Rolle spielt nach wie vor die Verteidigung. Bei der Aufklärung in Krisengebieten, der Sicherung des Luftraums und dem Schutz eigener Objekte spielen Radaranwendungen eine Schlüsselrolle. Das Verteidigungsministerium liefert

Das „Radom" in Wachtberg, von Westen gesehen, grenzt direkt an die Felder. Die zahlreichen Forschungseinrichtungen befinden sich dahinter in Richtung Ort und Straße. Aus der Nähe lässt sich die geometrische Struktur der Traghalle erkennen, die gewaltige Windkräfte aushalten muss. Ihre Materialien aus faserverstärktem Kunstharz dürfen die Signale der Antenne möglichst wenig dämpfen.

dementsprechend weiterhin einen bedeutenden Anteil des Budgets. Ein zweites Tätigkeitsgebiet ist der Weltraum, der zunehmend durch militärische wie zivile Satelliten und den Schrott von Raketen überfüllt wird. Die Erfassung der Lage von Objekten im Weltraum ist international zu einer wichtigen Aufgabe geworden. Auch im zivilen Bereich stellen sich für Radaranlagen zur Sicherheit von Gebäuden und Personen zahlreiche Aufgaben.

Ein relativ neues Geschäftsfeld stellen Anwendungen im Verkehr dar: Das selbstfahrende Auto wie auch automatische Schienenfahrzeuge verlangen eine Menge hochsensibler Sensoren und Steuerungen. Im industriellen Bereich stellt die automatisierte Produktion steigende Anforderung an Messung und Überprüfung. Das Institut forscht hier ebenso an der Steuerung von Stahlwalzwerken wie an der Untersuchung von Lebensmitteln auf Schadstoffe. Am Campus der Fachhochschule Remagen angesiedelt ist schließlich das Tätigkeitsfeld „Mensch und Umwelt", das sich mit miniaturisierten Anwendungen der Radartechnik im Bereich der Medizin, mit der Wetterprognose und der Effizienzsteigerung der Landwirtschaft befasst.

Hinweise zur Literatur

Sammelwerke

Heimatblätter des Rhein-Sieg-Kreises. Hg. v. Geschichts- u. Altertumsverein für Siegburg und den Rhein-Sieg-Kreis. Bis 2018 Siegburg (Rheinlandia), seit 2019 Lohmar (ratio-books)

Erscheinen jährlich; bisher 87 Bände. Wissenschaftliche Aufsätze und Beiträge zu allen Themen und Bereichen der Kreisgeschichte; Liste der letzten Inhaltsverzeichnisse unter www.gav-Siegburg.de

Jahrbuch des Rhein-Sieg-Kreises. Hg. durch den Landrat. Niederhofen (Edition Blattwelt Reinhard Zado) 1986 ff.

Jeder der reichhaltig dokumentierten und bestens ausgestatteten Bände steht unter einem übergreifenden Thema; für uns besonders einschlägig: Kreisgeschichte Jb. 2019 und 2017; Musik Jb. 2015; Auf Schienen und Wegen Jb. 2014; Museumslandschaft Jb. 2013; Orte der Geschichte Jb. 2012; Burgen und Schlösser Jb. 2007; Arbeit Jb. 2003; Wasser Jb. 2002; Siebengebirge Jb. 2001.

Siegburger Blätter. Informationen zur Stadtgeschichte, bisher 69 Ausgaben, je ca. 10 Seiten. Edition Blattwelt (Reinhard Zado), Niederhofen

Informationen zur Stadtgeschichte, zu aktuellen Ereignissen, zu bedeutenden Persönlichkeiten aus Siegburg.

Heimat und Geschichte. Ztschr. für Mitglieder und Freunde des Heimat- und Geschichtsvereins Troisdorf e.V., 1993 ff.; Download https://geschichtsverein-troisdorf.de/veroeffentlichungen/hug

Troisdorfer Jahreshefte, hg. v. Heimat- und Geschichtsverein Troisdorf, 1971ff. . Download unter http://geschichtsverein-troisdorf.de/veroeffentlichungen/troisdorfer-jahreshefte-tjh/

Einzeldarstellungen

Arndt, Claudia Maria (Hg.): Von Wasserkunst und Pingen. Erzbergbau im Rhein-Sieg-Kreis und seiner Umgebung. Siegburg (Rheinlandia) 2005 = Veröffentlichungen des Geschichts- und Altertumsvereins für Siegburg und den Rhein-Sieg-Kreis, Bd. 25.

Basalt AG Linz (Hg): 50 Jahre Basalt AG Linz a.Rh. 1888–1938. Unv. Nachdruck 1994, Heimat- und Geschichtsverein Bruchhausen.

Geschichte in Verantwortung. Hg. v. Arbeitskreis der NS-Gedenkstätten und -Erinnerungsorte in NRW. Münster ²2015

Grewe, Klaus: Der Römerkanal-Wanderweg. Ein archäologischer Wanderführer. Textband und Kartenband, hg. v. Eifelverein. Düren 1988. Im Internet unter klaus-grewe.de/pdf//72669_Roemerkanal_3.pdf

Koenigswald, Wighart von; Simon, Klaus Frank(Hg): GeoRallye. Spurensuche zur Erdgeschichte. Bonn (Bouvier) 2007

Otzen, Hans: Burgen und Schlösser rund um Bonn. Bonn (Bouvier/ Generalanzeiger) 2000

Preußenadler über dem Rhein. Eine Spurensuche rund um den Drachenfels. Hg. vom Siebengebirgsmuseum Königswinter. Bonn (Bouvier) 2015. Begleitband zur Sonderausstellung 2015.

Roggendorf, Hermann Josef (Hg): Heimatbuch der Stadt Siegburg. 3 Bde. Siegburg (Republica) 1964–1971

Schäfer, Ulrich: Schloss Drachenburg im Siebengebirge. Berlin/München (Deutscher Kunstverlag) 2010

Töpner, Walter: Wunderbares Siegtal. Erlebnisregion von der Mündung bis zum Windecker Ländchen. Bonn (Bouvier) 2011

Vetere, Giovanni. Bilder und Skulpturen 1972–1992. Eitorf (Galerie Incontro Edition) 1992. Mit Beiträgen von F.G. Zehnder und P. Tittel

Von der preußischen Obrigkeit zur bürgerlichen Selbstverwaltung. Festschrift 200 Jahre Kreise. Hg. v. Landkreistag Nordrhein-Westfalen. Düsseldorf 2016. Im Internet unter https://www.lkt-nrw.de/media/2428/festschrift-200-jahre-kreise.pdf

Wisplinghoff, Erich: Die Benediktinerabtei Siegburg. Berlin/New York (de Gruyter) 1975. = Germania Sacra, N.F. 9, Ebtm. Köln, Bd.2. Im Internet unter http://germania-sacra-datenbank.uni-goettingen.de/

Zehnder, Frank Günter; Schäfke, Werner (Hg.): Der Riss im Himmel. Clemens August und seine Epoche. Köln (Dumont) 2000 = Katalog zu den Ausstellungen in Bonn–Brühl–Köln–Jülich–Miel

Online-Nachweise

LVR Internetportal Rheinische Geschichte

Die Beiträge und Artikel liefern jeweils auch Hinweise auf weiterführende Literatur.

Biographien

Brunsch, Sven Holger: Caesarius von Heisterbach, Mönch (um 1180 – um 1240); Buchstab, Günter: Konrad Adenauer (1876–1967); Hausmanns, Barbara: Anton Raaff, Tenor (1714–1797); Koch, Matthias: Anno II. , Erzbischof von Köln (ca.1010–1075); Penning, Wolf D.: Caspar Anton Reichsgraf von Belderbusch, Erster Minister (1722–1784); Ubber, Christian: Engelbert Humperdinck. Komponist (1854–1921)

Epochen und Themen

Hillen, Christian: Siegburger Reform; Rünger, Gabriele: Aufbau West. Die Ansiedlung der nordböhmischen Glasindustrie in Euskirchen und Umgebung; Weiß, Lothar: Die Städteordnung für die Rheinprovinz von 1856

KuLaDig (Kultur.Landschaft.Digital)

Adenauerhaus Rhöndorf (Franz-Josef Knöchel), Garten (Roswitha Arnold); Adendorfer Ländchen; Bad Honnef (Elke Janßen-Schnabel); Bahnhof Kottenforst (Jan Kapfer); Benediktinerabtei Sankt Michael, Siegburg (Christoph Boddenberg); Burg Wissem in Troisdorf (Michael Losse); Drachenfelsbahn (Claus Weber); Flugplatz Hangelar (Kaspar Kaut); Katholische Pfarrkirche St. Peter in Herchen (Franz-Josef Knöchel); Kriegerdenkmal „Siegessäule“, Siegburg (Christoph Boddenberg); Missionshaus der Steyler Missionare in St. Augustin (Ulrich Stevens); Stadt Blankenberg (Karin Herzfeld); Tomburg bei Wormersdorf; Villa Fortuna in-Botzdorf (Hannelore Rose, Marianne Tabaczek); Wahnbachtalstraße (Dieter Siebet-Gasper, Claus Weber); Wasserburg Gudenau in Villip (Nicole Schmitz); Zündhütchenfabrik „ZüFa“ bei Troisdorf (Franz-Josef Knöchel)

Virtuelles Obstbau Museum Rheinland der Fachgruppe Obstbau Rhein-Sieg e.V. unter http://obstbau-museum-rheinland.de/museum.php

Virtuelles Brückenhofhofmuseum, Heimatverein Königswinter-Oberdollendorf, unter https://virtuellesbrueckenhofmuseum.de

Dank

Für Rat und Hilfe bin ich besonders verpflichtet Herrn Wolfgang Eilmes, Ruppichteroth, dem Fischereimuseum Bergheim/Sieg (Frau Dr. Recklies-Dahlmann), dem Brückenhofmuseum Oberdollendorf (Herr Breuer), der Galerie Incontro Eitorf, dem Haus Schlesien (Frau Remig), dem Rhein-Sieg-Kreis (Herrn Nolden), Schatzkammer St. Servatius Siegburg (Frau Dr. Korte-Böger), der Siegwerk AG (Frau Thiele), dem Stadtmuseum Siegburg (Frau Dr. Caspary).

Bildnachweis

S. 7: Eigene Bearbeitung der Basis in commons.wikipedia.org/wiki/TUBS.municipalities_in_SU.svg CC BY-SA 3.0;
S. 25: National Archives Washington, Klaus Breuer; Virtuelles Brückenhofmuseum Königswinter-Oberdollendorf;
S. 27: Wikipedia Commons, CC-BY SA 3,0; Foto: Wolkenkratzer, Petersberg 077.jpg;
S. 31: Haus Schlesien, Heisterbacherrott, Foto Bernadett Fischer;
S. 33: Festschrift 50 Jahre Basalt AG Linz (Nachdruck der Ausgabe 1935);
S. 37: Heimat- und Verkehrsverein Stadt Blankenberg e.V.;
S. 39: K.H. Zuber mit freundl. Genehmigung Giovanni Vetere;
S. 41: K.H. Zuber mit frdl. Genehmigung der Pfarrgemeinde St. Peter Herchen;
S. 47, Einband hinten (links unten): Tourismus Windecker Ländchen e.V., Foto Jiri Hampl;
S. 55: „Bilderbuch Ruppichteroth", unter www.bilderbuch-ruppichteroth.de/orte/broeleck.html, aus einer Privatsammlung, vermittelt durch W. Eilmes;
S. 59: Pfarrei Sankt Servatius, Siegburg; Foto Sebastian Felske;
S. 65: Deutsche Fotothek über Wikipedia Commons CC BY-SA 3.0 Engelbert Humperdinck 1854;
S. 67: Foto K.H. Zuber mit frdl. Genehmigung Stadtmuseum Siegburg;
S. 71 unten rechts: Archiv Siegwerk Druckfarben AG, Siegburg;
S. 81: Foto K.H. Zuber mit frdl. Genehmigung Fischereimuseum Bergheim/Sieg;
S. 85, Einband hinten (rechts oben): Postkarte, Stadtarchiv St. Augustin;
S. 105: Wikipedia Commons, Hans-Schmitz-Haus Rheinbach.jpg, Foto: Pascua Theus CC-BY-SA 2.0;
S. 111: Töpferei Christian Günther, Adendorf;
S. 113: Wikipedia Commons, CC-BY SA 3.0, Foto: Wolkenkratzer, Burg-Gudenau 009.jpg;

Alle übrigen Fotos sowie die Karte auf S. 91 stammen vom Autor.

Der Stolleneingang zur Grube Silberhardt in Öttershagen. Das Besucherbergwerk hält die Erinnerung an die einstmals bedeutende Montanindustrie im östlichen Kreisgebiet wach (→ HL 20).

Impressum
Sutton Verlag GmbH
Arnstädter Straße 8
99096 Erfurt
www.suttonverlag.de

ISBN: 978-3-96303-334-6
Druck: Florjančič Tisk d.o.o. / Slowenien
Gestaltung und Herstellung: Sutton Verlag
Lektorat: Michael Raffel, Tübingen

In diesem Buch wird aus Gründen der besseren Lesbarkeit das generische Maskulinum verwendet. Weibliche und anderweitige Geschlechteridentitäten werden dabei ausdrücklich mitgemeint, soweit es für die Aussage erforderlich ist.

Buchhinweise

Karl-Heinz Zuber

Bonn. 55 Highlights aus der Geschichte

Menschen, Orte und Ereignisse, die unsere Stadt bis heute prägen

19,99 € | ISBN: 978-3-96303-321-6

Sagen & Legenden
Helmut Fischer
SAGEN AUS DEM LAND
AN RHEIN UND SIEG
SUTTON VERLAG